영화로 읽는
세계 전쟁사

이 책은 방일영문화재단의 지원을 받아 저술·출판되었습니다.

차례

세계 전쟁사, 세계 영화사와 만나다

영화로, 세계 전쟁사를 읽을 수 있을까? 결론부터 말하면, 그렇다. 영화가 인류 전쟁사의 대부분을 다뤄왔기 때문이다. 영화는 전쟁이 몰고 온 인간의 삶과 죽음에 주목해 왔다. 1895년 영화탄생 이후, 미국 남북전쟁을 다룬 D. W. 그리피스 감독의 〈국가의 탄생(The Birth of a Nation)〉을 시작으로 고대 트로이 전쟁부터 십자군 전쟁, 식민지 전쟁, 1,2차 세계대전과 냉전, 그리고 최근 이라크 전쟁 등에 이르기까지 거의 모든 전쟁이 영화로 만들어졌다. 특히 할리우드 스튜디오는 대규모 제작 시스템을 이용해 수많은 대형 전쟁영화를 제작해 왔다. 오히려 필자의 게으름으로 그 전쟁영화를 다 보지 못해 송구스러울 뿐이다. 세계 각국에서 만들어진 전쟁 영화들을 다 볼 수만 있다면 훨씬 다양하고 방대한 세계 전쟁사를 쓸 수 있을 것이다.

영화가 전쟁에 주목하는 이유는 무엇일까? 영화 매체의 특성에서 찾을 수 있다. 20세기 기술발달로 출현한 영화는 그 어느 매체보다도 전쟁의 서사와 스펙터클을 사실적으로 재현할 수 있었다(연극·무용·미술·음악 등이 전쟁을 재현한다고 생각해 보라). 전쟁이 몰고 온 인간 드라마는 물론이고, 하늘에서 벌어지는 공중전, 광활한 들판을 질주하는 기마병, 바다에서의 함포사격, 심지어 심해에서 벌어지는 수중전까지 전쟁의 활극과 극한상황을 담아내는 데는 활동사진(motion picture)인 영화만한 매체가 없다.

물론 전쟁사를 '콘텐츠로서의 영화'로 읽는 것에 한계가 있을 수 있다. 영화 제작자나 감독의 해석이 자칫 역사를 왜곡할 수 있기 때문이다. 영화제작이 지닌 현실적인 메커니즘과 제작의 의도를 간과해선 안 된다. 특히 국가나 특정 단체가 영화제작에 개입한 경우는 더욱 그러하다. 하지만 극단적인 케이스를 제외한다면, 영화가 해석됐기에 역설적이지만 역사를 더 정확히 볼 수 있다. 대체로 적과 아군에 이분법적으로 접근하는 전쟁영화는 대개 적대적인 입장에서 표현된다. 이 상반된 방식을 전지적인 관점에서 볼 수만 있다면 오히려 금상첨화다. 가령 2차 대전 당시 스탈린그라드 전투를 독일군 입장에서 그린 〈스탈린그라드〉와 소련의 입장에서 묘사한 〈에너미 앳 더 게이트〉, 미국 일본 간의 태평양 이오 섬의 전투를 미군입장에서 본 〈아버지의 깃발〉과 일본의 시각으로 묘사한 〈이오지마에서 온 편지〉는 균형 잡힌 전쟁사를 제공한다. 또한 3차 페르시아 전쟁은 육상에서의 전투를 그린 영화 〈300〉과 해전을 그린 〈300: 부활의 제국〉을 통해 '하나의' 전쟁사로 완성되고, 2차 대전 당시 처칠의 다이너모 철수작전을 그린 영화 〈덩케르크〉는 영화 〈다키스트 아워〉를 보면 전쟁배경과 이면사(裏面史)를 읽을 수 있다. 이 같은 영화들의 다양하고 다층적이고 복합적인 접근 방식은 전쟁사의 객관성을 담보해 준다.

'세계사는 전쟁사'란 말처럼 인류는 불행하게도 국가, 민족 간에 문제가 생기면 전쟁으로 해결해 왔다. 군사 사상가 클라우제비츠가 『전쟁론』에서 말한 대로 전쟁이 정치 행위이기 때문이다. 더 불행한 것은 지구가 멸망하지 않는 한, 아니 멸망하지 않을 범위 안에서 전쟁이 계속될 것이라는 거다. 미국 뇌 과학자 폴 맥린의 주장대로 인간의 뇌가 R-영역, 변연계, 대뇌피질 3단계로 발전해 왔음에도 불구하고, '파충류의 뇌'라고 불리는 가장 원시적이고 공격적인 R-영역(뇌간)에 의지하고, 유라시아 문명이 다른 문명을 정복한 이유가 총기, 쇠, 말 등을 중심으로 한 군사기술이라는 『총, 균, 쇠』의 저자 재레드 다이아몬드 교수 말이 맞는다면 국가들은 앞다투어 새 무기를 개발할 것이고, 전쟁은 더 참혹해질 것이다.

이 책은 세계 영화사에 길이 남을 총 50편의 잘 만들어진 (well-made) 전쟁영화를 엄선했다. 이 영화들을 통해 전쟁의 시대적 배경과 발발 원인 및 결과, 그리고 전쟁영웅들의 족적과 메시지를 되새겨 볼 것이다. 전쟁영화를 통해 세계 전쟁사의 지형도를 그려보고, 그 속에서 역사의 맥락과 교훈을 찾아보는 것이 이 책의 출판 목적이다.

이 책은 모두 6장으로 구성돼 있다. 청동기 시대 트로이 전쟁부터 21세기 미국과 아랍세력 간의 이라크 전쟁까지를 신, 제국주의, 나치즘, 이념, 민족주의, 평화 등 6개의 중심어로 구분해 접근했다. 특히 '평화'는 한국 전쟁사를 보는 키워드로서, 지구상에서 유일한 분단국가인 우리나라가 전쟁이 없는 평화의 시대를 열자는 취지에서 따로 단락을 마련했다. 6개의 중심어로 된 각각의 첫 장엔 시대 사회상 등 전체적인 역사 지형(맥락)을 기술했고, 본론에 가선 50편을 분류해 영화 속 전쟁사를 기술했다.

이 책은 대부분 실존 인물인 전쟁 영웅들이 말한 감동적이거나 작품의 메시지가 담긴 대사를 각 영화(전쟁)를 기술하기 전, 맨 앞면에 소개해 독자들의 이해를 돕고 있고, 영화에 따라선 전쟁의 전술 및 전략을 상세하게 기술했다.

이 책의 또 다른 특징은 전쟁영화로 그린 '세계 전쟁사 연표'다. 다른 역사서 부록에 항용 나오는 세계사 연표를 전쟁영화로 그려 본 것이다. 영화로 전쟁사를 읽을 수 있다는 것을 증명하기 위함이다.

이 책은 세계 전쟁사와 세계 영화사의 만남이다. 세계 역사의 큰 줄기를 바꾼 전쟁을 세계 영화사에 오래 남을 문제작으로 다룬다는 것은 역사인문학과 문화예술학의 조우 다름 아닐 것이다. 이 말은 E.H.카가 『역사란 무엇인가』에서 역사를 고증학이 아닌 해석학으로 생각한 것처럼 세계 전쟁사를 세계 영화사로 재해석한다는 의미이기도 하다.

끝으로 이 책의 발행을 위해 큰 도움을 준 국방일보와 UPI 코리아, 〈르몽드 디플로마티크〉 성일권 대표, 서화열 팀장, 조한아씨, 박희원씨에게 깊은 감사의 말씀을 전한다.

2018년 한 여름
김 병 재

영화로 그린 세계 전쟁사 연표

1장

신과 인간의 전쟁

인간 세상으로 내려온 神

신과 인간의 전쟁 - 인간 세상으로 내려온 神

〈트로이〉 아킬레스 건은 여자

〈300〉 이것이 스파르타다!

〈알렉산더〉 가출한 제국의 대왕, 페르시아를 멸망시키다

〈글래디에이터〉 로마 엔터테이너 검투사의 가족사랑

〈적벽대전〉 풍수를 아는 자가 이긴다

〈킹덤 오브 헤븐〉 아, 성지 예루살렘, 현대 전쟁의 뿌리

〈브레이브하트〉 스코틀랜드 전사의 마지막 외침, 자유!

〈잔 다르크〉 신이 내린 여전사

"신은 인간을 질투해.
인간에겐 마지막이라는 게 있거든.
그래서 인간은 매 순간 최선을 다하지."

- 영화 <트로이>에서 전쟁영웅 아킬레스가 불멸의 신 아폴론을 섬기는
연인 브리세이스에게 인간으로 태어난 것이 자랑스럽다며 하는 말.

고대 전쟁은 신과 인간의 전쟁이었다. 기원전 13세기 트로이 전쟁이 대표적이다. 이 전쟁은 호메로스의 대서사시 『일리아스』가 원전인데 고대 도시 트로이와 그리스 사이에 10년간 벌어진 전쟁의 마지막 해, 그중에서도 마지막 50일간 일어난 사건을 그리고 있다.

『일리아스』엔 인간과 신들이 망라돼 있다. 제우스, 헤라, 포세이돈, 아프로디테(비너스), 아킬레스의 어머니 테티스 등 올림포스의 신들과 불세출의 전쟁영웅 아킬레스, 그의 연인 여사제 브리세이스, 난공불락의 성을 지키는 트로이의 헥토르 왕자, 트로이를 함락시키려는 아가멤논, 연인을 위해 목숨을 거는 파리스 왕자 등 신과 영웅들의 경연장이다.

볼프강 페더센 감독의 영화 <트로이>는 『일리아스』를 근간으로 하고 있지만 신보단 인간이 중심이 돼 전쟁을 벌인다. 대개의 인물들은 『일리아스』에 충실하지만 이야기는 영화적으로

재구성했다. 전쟁이 드물게 청동기 시대를 배경으로 하고 있어 신화적인 색채가 강했기 때문이다. 원작의 시적이며 은유적인 표현 대신 사실적인 서사와 영화적 스펙터클로 재현했다.

역사는 세계 최초의 제국을 페르시아 제국이라고 기술하고 있다. 기원전 6세기 말 제국의 영토는 동쪽으로는 지금의 아프가니스탄에서 서쪽으로는 이집트까지, 북쪽으로는 발칸반도, 터키까지 지배하는 대제국이었다.

페르시아는 지중해 패권을 위해 그리스를 모두 3차례 공격했다. 선왕 다리우스 1세에 이어 크세르크세스 1세가 아테네, 스파르타 등 그리스 연합국을 상대로 벌인 페르시아 전쟁이 그것이다. BC 480년, 페르시아 공격에 맞서 스파르타 300명 전사들은 테살리아 지방의 테르모필레 협곡에서 싸웠고, 같은 시기 아테네도 살라미스에서 해전을 벌였다. 잭 스나이더 감독의 영화 〈300〉은 3차 페르시아 전쟁 가운데 육지에서 벌어진 테르모필레 협곡전투를 다뤘다. 레오니다스 왕이 이끄는 300명의 스파르타 정예군이 페르시아 100만 대군과 싸워 장렬하게 죽음을 맞는다는 내용이다. 이어 바다에선 아테네의 장군 테미스토클레스가 페르시아 여자 지휘관인 아르테미시아의 해군과 맞섰다. 이 전쟁에서 그리스 함대가 페르시아 함대를 크게 이겼는데 이 전투가 살라미스 해전(Battle of Salamis)이다. 이 해전은 칼레해전, 트라팔가르해전, 그리고 이순신의 한산도 대첩과 더불어 세계 4대 해전으로 불린다. 수많은 대군을 이끌고도 페르시아 제국의 유럽원정은 실패로 끝났다.

기원전 5세기, 페르시아를 물리친 그리스는 아테네와 스파르타 간의 전쟁인 펠로폰네소스전쟁을 치르며 쇠퇴해 갔다. 그 사이 마케도니아가 새로운 강자로 떠올랐다. 기원전 338년, 알렉산더의 아버지 필립 2세가 이끄는 마케도니아군은 카이로네이아 전투서 그리스를 이기고, 바로 페르시아에 선전포고를 했다. 하지만 필립 2세는 암살당하고, 아들 알렉산더가 20세에 왕위에 올라 대원정을 시작했다.

알렉산더는 BC 331년, 페르시아 제국과 벌인 가우가멜라 전투(Battle of Gaugamela)에서 크게 이겼다. 이 싸움에서 진 페르시아는 멸망했다. 이후 알렉산더는 파죽지세로 인도까지 공격해 대제국을 건설했다. 알렉산더의 일대기를 그린 영화가 올리버 스톤 감독의 〈알렉산더〉다.

'로마는 하루아침에 이뤄지지 않았다'란 말처럼 1000년의 역사를 가진 로마제국(BC 753~AD 476년)이 멸망한 이유 중 하나가 게르만족 이동설이다. 4세기 후반 훈족(흉노)의 침략으로 흑해 연안에 살던 게르만 계의 서고트족이 서쪽으로 이동해, 연쇄적으로 고트족, 프랑크족, 알레마니족 등이 로마 국경을 침범해 오면서 로마제국이 쇠퇴했다는 것이다.

리들리 스콧 감독의 영화 〈글래디에이터〉는 서기 180년, 마르쿠스 아우렐리우스(Marcus Aurelius) 황제 시절, 게르마니아 전쟁을 배경으로 한 검투사의 이야기다. 검투사는 오늘날 엔터테이너인데, 로마 시민들로부터 큰 인기를 받았다.

비슷한 시기, 아시아 중국은 '군웅이 할거하는 시대'였다. 기원전 210년 진(秦)나라가 멸망한 이후 대륙의 혼란을 끝내고 3세기 들어 조조·손권·유비 등이 위(魏)·오(吳)·촉(蜀) 등을 세웠다. 이후에도 천하 통일을 위한 전쟁은 계속됐다. 이 가운데 후한(後漢)말 208년 양쯔강 남안에 있는 적벽에서 한 전투가 적벽대전(赤壁大戰)이다. 양쯔강 북쪽을 통일한 조조가 대군을 이끌고 내려와 손권과 유비의 연합군과 싸운 전투다. 적벽대전을 다룬 영화가 홍콩 출신 존 우(吳宇森) 감독의 〈적벽대전-거대한 전쟁의 시작〉, 〈2편-최후의 결전〉이다.

인간의 전쟁에 결정적으로 신이 개입한 때는 오히려 중세다. 당시 기독교의 기운이 전 유럽을 지배하던 시절, 모든 것은 신의 이름으로 행해졌다. 전쟁도 예외일 수 없었다. 암흑기가될 수밖에 없었다.

유럽이 암흑기를 보내고 있을 즈음, 570년 메카에서 이슬람교 창시자인 무함마드가 태어났다. 종교의 지도자로서, 군대의 지도자로서 활약했다. 그는 이슬람 생활 규범의 원리를 만들었다. 이후 유일신 알라를 내세우며 무력과 관용을 베풀며 세력을 확대해 갔다. 무함마드는 622년을 이슬람교의 원년으로 삼고 630년 메카를 성지로 정하고, 아라비아 반도를 통일했다.

가톨릭과 이슬람교의 충돌은 불가피했다. 그 충돌이 십자군전쟁(1096~1270년)이다. 11세기 말에서 13세기 말, 서유럽의 그리스도인들이 이슬람교가 지배하고 있는 성지 팔레스티나와 성도 예루살렘을 탈환하기 위해 8회에 걸쳐 대원정에 나섰다. 리들리 스콧 감독의 영화 〈킹덤 오브 헤븐〉은 십자군 전쟁을 다뤘다.

십자군 전쟁 직후인 1280년, 유럽의 최북단에 위치한 스코틀랜드는 독립전쟁으로 몸살을 앓고 있었다. 잉글랜드의 왕가 롱 생크의 압정에 시달리고 있었던 것이다. 스코틀랜드는 로마 제국에도 '정복되지 않는 땅'이었다. 서기 43년 잉글랜드를 정복한 로마는 84년까지 여러 차례 스코틀랜드로 공격했으나 실패했다. 험한 산맥과 깊은 계곡들로 이루어진 지형도 한몫했다. 그 후 잉글랜드가 스코틀랜드를 공격했다. 하지만 잉글랜드도 성공하지 못했다. 13세기 말, 스코틀랜드의 독립전쟁을 배경으로 윌리엄 윌리스의 일대기를 그린 영화가 멜 깁슨 감독의 〈브레이브하트〉다.

십자군 전쟁의 실패는 왕권 강화를 불러왔다. 그리고 왕권 강화는 백년전쟁(1337~1453년)의 동력이 됐다. 영국의 에드워드 3세가 혈연을 따져 프랑스 국왕 자리를 차지해 프랑스를 아예 영국에 합병하려 한 것도 유럽 내에서 교황의 위세가 그만큼 약해졌음을 입증하는 것이다. 19살의 소녀 잔 다르크(1412~1431년)의 등장으로 프랑스는 이 전쟁에서 이겼다. 하지만 잔 다르크는 영국과 프랑스 부르고뉴왕국의 주도하에 이뤄진 재판에서 마녀로 지목돼, 화형당했다. 신성한 신의 중개자인 사제를 거치지 않고는 신의 계시를 받을 수 없다는 중세 기독교의 희생양이 된 것이다. 신의 이름을 빙자해 인간을 희생시킨 중세 암흑기의 한 단면이다. 릭 베송 감독의 영화 〈잔 다르크〉는 신의 계시를 받았다는 잔 다르크의 활약을 그렸다.

✕ 트로이 Troy ✕

감독 | 볼프강 페터젠 출연 | 브래드 피트, 에릭 바나, 올란도 블룸 2004년

> "우린 신을 섬기고,
> 여자를 아끼고 나라를 지키는 것이다."
>
> 헥토르가 전장에 나가는 병사들에게 하는 말.

아킬레스 건은 여자

트로이 전쟁은 인간과 신들이 싸운 전쟁이다. 여자 때문이었다. 기원전 13세기, 그리스 스파르타왕국 메넬라오스 왕의 아내인 헬레네와 트로이 왕자 파리스가 사랑에 눈이 멀어 트로이로 도주하자 남편인 메넬라오스가 형인 그리스 미케네 왕국의 아가멤논과 함께 트로이를 공격하면서 전쟁은 시작한다.

헬레네와 파리스 왕자가 연인이 된 것에 대해, 그리스 신화는 파리스 왕자 덕분에 황금사과를 얻은 아프로디테(로마신화의 비너스)가 그 대가로 파리스에게 헬레네를 소개한 것이라고 전하고 있다.

트로이 전쟁사엔 역사와 신화가 공존한다. 그래서 신과 영웅이 함께 등장한다. 사실 트로이전쟁은 그리스 신화일 뿐이었다. 역사가들은 BC 13세기에 미케네인들이 트로이를 공격한 내용을 기원전 8세기 호메로스가 서사시 『일리아스』에 묘사해 만든 문학작품이라고 간주했다. 그러던 것이 1870년 독일의 고고학자 하인리히 슐리만이 터키에서 트로이 유적지를 발굴하고, 1930년대 미국의 블레겐이 트로이 유적을 과학적인 재조사를 통해 그리스와 트로이 사이에 충돌이 있었다는 역사적인 근거를 확보하면서 역사가 됐다.

볼프강 페터젠 감독의 영화 〈트로이〉는 신들과 인간 사이의 시적이며 은유적인 표현으로 가득 찬 원작 『일리아스』를 인간 중심의 사실적이며 스펙터클한 전쟁영화로 재현했다. 이야기 전개 또한 아킬레스 중심으로 재구성했다. 브래드 피트가 맡은 아킬레스의 남성성을 강조하기 위함이다. 수려한 얼굴에 근육질의 균형 잡힌 몸을 가진 그는 천하무적의 검술에, 약한 여인을 사랑하는 할리우드 전쟁영웅의 전형적인 캐릭터다. 그는 헥토르와 벌인 창과 방패 싸움에서 고대 전쟁영화의 스펙터클을 보여주면서 전쟁영웅으로서 매력적인 비주얼을 선사한다.

영화는 그리스 데살리 전투에서 벌어지는 전쟁영웅 아킬레스의 활약으로 시작한다. 바다의 여신 테티스와 인간 펠레우스에서 태어난 그는 어린 시절, 어머니 테티스가 그를 불사신으로 만들기 위해 스틱스강(황천)에 몸을 담글 때 손으로 붙잡고 있던 발뒤꿈치에 강물이 묻질 않아 치명적인 급소가 됐지만, 인간 중에는 당할 자가 없을 만큼 초인적인 힘과 무예를 가진 전사다. 영화 초반, 파리스(올란도 블룸)와 헬레네가 야반도주하자 스파르타의 왕 메넬라오스의 부탁을 받은 아가멤논은 모든 그리스 도시국가들을 모아 트로이로 쳐들어간다. 명분은 동생의 복수였지만 속셈은 그리스 도시 국가들을 통합해 그리스제국을 건설하려는 것이다. 그는 "제국은 전쟁으로 건설된다"며 기꺼이 동생 부탁을 들어준다. 에게해를 중심으로 한 지금의 그리스와 터키지역을 통합한다는 야심이다.

한편 아가멤논과의 불화로 트로이전쟁에 나가지 않은 아킬레스는 어머니인 테티스로부터 "영광과 죽음은 한 몸이다. 여기(그리스)에서 평범하게 결혼해 살면 이름도 잊힐 것이오. 트로이에 가면 영광은 너의 것이 되고 세상은 용사로서 너의 이름을 오래 기억할 것"이라는 말을 듣고 마침내 출정 길에 오른다. 하지만 파리스 왕자의 형인 용맹스러운 헥토르 왕자(에릭 바나)가 지키고 있는 트로이는 난공불락. 그는 "우린 신을 섬기고 여자를 아끼고 나라를 지키는 것"이라며 전장에 나선다. 헥토르와의 싸움에서 아킬레스는 전리품으로 트로이의 여사제 브리세이스를 얻는다. 하지만 평소 아킬레스를 못마땅하게 여긴 아가멤논이 그녀를 빼앗아가자, 아킬레스는 부하들에게 그리스로 철수할 것을 명령한다. 아킬레스가 전의를 상실하자 그리스군은 계속 패한다. 아가멤논은 하는 수없이 지략가 오디세우스의 의견

트로이 목마

을 받아들여 브리세이스를 아킬레스에게 돌려준다. 아킬레스는
바로 브리세이스와 사랑에 빠진다. 영화는 이 대목에서 배우 브
래드 피트의 남성성을 살려 과감한 노출 장면을 보여준다.

한편 아킬레스의 철수로 승기를 잡은 헥토르는 이번에 아주
끝장을 내자며 야밤을 틈타 그리스군을 기습해 아킬레스의 동
생을 죽인다. 동생의 죽음을 전해들은 아킬레스는 다시 출정을
결심하고 헥토르와 한판 대결을 벌인 끝에 그를 죽인다. 전쟁이
지루하게 이어질 때쯤, 오디세우스가 절묘한 전략을 내놓는다.

거대한 목마를 이용해 트로이 성을 함락시키자는 것이다. "양의 우리에 늑대를 풀어놓는다"라는 전략이다. 이 '트로이 목마(Trojan Horse)'는 상대의 허를 찌르는 위장 전술로, 상대를 방심하게 만들어 한방에 격퇴하는 신의 한 수를 지칭한다.

마침내 트로이 성문은 열리고 트로이는 불바다가 된다. 전투 중 아킬레스 발목에 파리스가 쏜 화살이 박힌다. 아킬레스가 발뒤꿈치에 있는 장딴지 근육과 발꿈치를 연결하는 힘줄 '아킬레스의 건'이 치명적인 약점이 돼 죽음을 부른 것이다. 불세출의 전사도 티끌 같은 약점 하나에 죽음을 피할 순 없었다. 결국 난공불락 같았던 트로이 성은 무너진다.

트로이 전쟁은 청동기시대 전쟁이었다. 전쟁에 대한 역사적 기술은 빈약할 수밖에 없다. 영화처럼 철기로 만든 창과 방패, 갑옷 대신에 날이 무디고 조악한 청동 병기로 싸운 원시적인 전쟁이었을 것이다. 그래서 트로이 전쟁은 인류의 첫 번째 전쟁으로 소개되면서도 적지 않은 의문을 남긴다. 하지만 후세에 주는 메시지는 명확하다. 그것은 '트로이 목마'와 '아킬레스의 건'으로 회자 된다. 역사의 흥망성쇠가 인간의 순간의 실수, 사소한 약점에서 비롯된다는 교훈이다. 트로이군은 왜 신관 라오콘의 말대로 목마를 뜯어보지 않고 성안으로 끌고 갔을까? 왜 아킬레스는 치명적인 약점을 보완하지 않고 전쟁에 나갔을까? 인간은 신과는 달리 항상 현명하지 않고, 때때로 우둔하고 방심하고 실수를 저지른다. 역시 악마는 디테일에 있었다.

트로이 전쟁은 에게해 해양권을 둘러싸고 벌인 패권전쟁인 동시에 신과 영웅 간의 전쟁이었다. 그래서 트로이전쟁은 신화 반, 역사 반으로 남아있다. 전쟁 이후 트로이는 멸망했지만, 그리스는 제국으로 발전한다.

⚔ 300 ⚔

감독 | 잭 스나이더 출연 | 제라드 버틀러 2006년

"이것이 스파르타다!
(This, Is, SPARTAA!)"

레오니다스 왕이 페르시아 전령을
발로 우물 속에 처넣으며 전쟁을 선포한다.

이것이 스파르타다!

세계 최초의 제국, 페르시아 제국은 지금의 터키 지역인 소
아시아를 정복하고 지중해 해상권을 장악하기 위해 그리스를
공격했다. 기원전 492년의 1차 전쟁은 폭풍을 만나 전투도 해
보지 못하고 철수했고, 2차 전쟁은 기원전 490년에 벌어졌는데
마라톤 평원에서 참패했다. 이것이 올림픽의 기원인 마라톤 전
쟁이다. 이때 스파르타는 참전하지 않았다. 3차에서 아테네의
간청으로 참전하게 된다. 당시 페르시아의 공격에 적극적으로
대항한 건 아테네였다.

3차 전쟁 때엔 크세르크세스 1세가 30만 대군을 이끌고 그

테르모필레의 레오니다스, 자크 루이 다비드, 1814년

리스 반도를 침공했다. 1, 2차 실패를 교훈 삼아 3차 원정에
서는 육로와 해로로 동시에 쳐들어갔다. 그리스 연합군은 스
파르타 왕 레오니다스가 이끄는 정예군 300명을 포함, 연합군
7,000명을 그리스 반도의 관문 테르모필레 협곡으로 보냈다.

영화 〈300〉은 3차 페르시아 전쟁 가운데 육지에서 벌어진
테르모필레 협곡전투를 다루고 있다. 불가피한 약간의 영화적
인 허구와 인종차별적인 표현, 그리고 지나친 남성성의 강조
를 빼고는 거의 역사 그대로 재현했다. 레오니다스 왕이 이끄는
300명의 스파르타군이 페르시아 100만 대군과 싸워 장렬하게
죽음 맞는다는 게 주된 내용이다.

영화는 소년 레오니다스가 협곡에서 창 하나로 맹수를 잡은 이야기로 시작한다. 그 후 왕이 된 레오니다스가 페르시아 왕 크세르크세스에게 복종하라고 협박하는 전령에 대해 "이것이 스파르타다!(This, Is, SPARTA!)"를 외치며 발로 우물 속에 처넣으며 페르시아에 전쟁을 선포한다. 하지만 제사장들은 크세르크세스에게 복종하라는 신탁을 내린다. 스파르타의 왕 레오니다스는 페르시아군을 방어하기 위해 300인 전사들과 테르모필레 협곡으로 향한다. 가는 도중 전쟁에 참여하고 싶다는 꼽추 에피알테스를 불구의 몸이라는 이유로 거절하지만, 페르시아는 에피알테스에게 부와 명예를 주겠다며 자기편으로 끌어들인다.

마침내 레오니다스 왕은 테르모필레 협곡으로 페르시아 100만 대군을 유인해 맞선다. 300명 vs 100만 명. 누가 봐도 무모한 싸움이지만 테르모필레 협곡을 이용하려는 작전이다. 이 협곡 전투는 전쟁에서 지형지물을 어떻게 활용해야 승리할 수 있는지를 알려준다. 산, 계곡, 언덕, 숲, 강 등의 생김새와 지상의 모든 물체를 잘 이용하면 수적인 열세도 뒤집을 수 있다는 사례다. 넓은 벌판과는 달리 좁은 협곡에선 병사들의 많고 적음에 크게 승패가 갈리지 않는다는 것이다. 역사는 '이 전투에서 300명의 전사가 3일간 잘 버틴 덕분에 그리스 함대는 무사히 퇴각할 수 있었다'라고 기록하고 있다.

같은 시기 바다에선 아테네의 장군 테미스토클레스가 페르시아 여자지휘관인 아르테미시아의 해군과 맞선다. 이 전쟁에서 그리스함대가 페르시아 함대를 크게 이기는데 이 전투가 살라미스 해전(Battle of Salamis)이다. 이 전쟁을 다룬 영화가 감독 노암 머로, 출연 설리번 스테이플턴, 에바 그린의 〈300: 제국의 부활(300: Rise of an Empire)〉이다.

페르시아의 크세르크세스는 "나는 관대하다"란 말로 레오니다스 왕에게 항복할 것을 요구한다. 역사적으로 페르시아가 제국이 될 수 있던 것은 다리우스 1세와 크세르크세스 1세가 정복한 주민에 대해 관대한 정책을 폈기 때문이다. 관용과 소통으로 제국을 이끌었다. 하지만 영화 속 크세르크세스의 묘사는 괴기스럽다. 서구의 시각에서 상당 부분 왜곡된 것으로 인종 차별적이란 비판의 소리를 듣는 이유다. 같은 맥락에서 검은 옷과 검은 가면을 쓴 괴물 병사로 묘사한 임모탈도 역사적으로는 페르시아의 최강의 친위대였다.

스파르타군은 패했다. 페르시아에 포섭된 꼽추 에피알테스가 페르시아군을 이끌고 협곡 후방에 나타나기 때문이다. 앞뒤로 페르시아군에게 포위된 300 전사들은 페르시아군과 끝까지 싸우지만 장렬하게 전사한다. 왕의 부관만이 살아남아 레오니다스 왕과 300 스파르타 전사의 죽음을 왕비에게 전한다.

영화는 철저하게 스파르타 왕 레오니다스와 부하 300명 전사들의 남성성에 집중한다. 스파르타 전사들의 조국애와 영예, 용기, 자유, 희생정신을 보여준다. 무용을 하는 듯한 창검 액션 장면과 작품 전체에 흐르는 비장미가 돋보인다는 평을 받았다.

출연 남자 배우들의 현란한 창 검술과 완벽한 식스팩도 인상적이다. 결국, 300명의 스파르타 전사들의 장렬한 죽음이 밑거름이 돼 그리스는 페르시아 전쟁에서 이겼다

'골리앗과 다윗' 싸움으로 비유되는 페르시아 전쟁에서 그리스가 승리할 수 있었던 이유는 무엇일까? 그리스 역사가 헤로도토스(Herodotos)는 그리스 승리의 원인을 페르시아는 전제군주 1인 치하에 있는 노예의 군대였지만, 그리스인들은 자유의지를 지니고 자신과 가족을 위해 싸운 군대였기 때문이라고했다. 역사는 승자의 기록이라는 점과 서구의 오리엔탈리즘적인 시각을 배제할 순 없지만 틀린 얘기는 아니다. 전쟁에 임하는 자세가 관건이었다. 그리스는 절박해서 죽기를 각오하고 싸운 반면, 페르시아제국은 오만했다. 그 후 페르시아는 6명의 왕을 거치면서 다리우스 3세 때 알렉산더 대왕에게 정복당한다. 이로써 역사상 최초의 제국도 역사의 뒷장으로 물러나게 된다.

역사는 테르모필레 전투를 나라를 지키는 애국적인 병사의 용기를 보여주는 전형으로 적고 있다. 이 전투는 지형의 이점을 살려 전투력 증강을 꾀한 사례로 꼽으며, 임전무퇴 군인정신의 상징으로 전해 내려온다.

⚔ 알렉산더 Alexander ⚔

감독 | 올리버 스톤 출연 | 콜린 파렐, 발 킬머, 안젤리나 졸리 2004년

**"우린 노예가 아닌
자유인 마케도니아 군인으로서 여기에 왔다."**

알렉산더가 가우가멜라 전투에 나서기 직전 부하병사들에게 하는 말.

가출한 제국의 대왕, 페르시아를 멸망시키다

페르시아 제국을 결정적으로 멸망하게 한 전쟁이 가우가멜라 전투(Battle of Gaugamela)다. BC 331년 10월 마케도니아의 알렉산더 대왕(BC 356~323년)이 이끄는 헬라스(그리스) 동맹군이 다리우스 3세의 페르시아군을 가우가멜라 평원(현재 이라크의 모술지역)에서 크게 이긴 것이다. 알렉산더 대왕 25세 때의 일이다. 페르시아군은 20만 명에 이르지만 헬라스 동맹군은 약 4만 7,000명에 불과했다.

알렉산더 대왕이 수적으로 불리했음에도 승리할 수 있던 이유는 교란 전술 때문이다. 알렉산더는 기병의 기동성을 살려 페

르시아군의 전열을 흩트린 후 양 측면을 공격했다. 알렉산더의 작전은 페르시아 기병대를 최대한 좌우 날개 쪽으로 끌어내 전열의 틈을 만들고 신속하게 다리우스의 본진으로 침투한다는 것이었다. 이것은 타이밍과 기동을 필요로 하는 전술이었다.

알렉산더는 또 그리스군을 45도로 비스듬히 배열해 다리우스 3세의 전차부대가 공격해 오면 1열이 물러나 틈을 열어주고, 2열이 전차를 에워싸는 전술을 구사했다. 결국 전차는 쥐덫처럼 그리스 창병에 의해 포위될 수밖에 없었다. 특히 그리스의 팔랑크스(밀집 장창 보병대)가 전차를 격퇴하는데 주효했다. 반면에 2년 전 BC 333년 이수스 전투(Battle of Issus)에서 보병을 잃은 다리우스 3세는 코끼리·전차·기병을 주력부대로 해 2중으로 횡진(橫陣)을 폈다. 다리우스는 20만 대군과 200대의 칼날 달린 전차(바퀴 축에 낫 모양 칼날이 달린 전차)를 활용할 수 있는 넓은 평지를 선택하면 승산이 있다고 판단했다.

올리버 스톤 감독의 영화 〈알렉산더〉는 세계 정복의 꿈을 이룬 알렉산더 대왕(콜린 파렐)의 일대기를 그렸다. 3시간에 가까운 장편 전쟁영화로서 알렉산더가 왕위에 오른 지 5년 만에 가우가멜라 전투에서 승리해 페르시아 제국을 멸망시키고, 이후 페르시아, 인도 등을 정복해 대제국을 건설하기까지의 긴 여정과 부모와의 갈등 등 전쟁 영웅으로서의 모습을 보여준다.

영화는 가우가멜라 전투, 알렉산더의 어린 시절(이때 스승

이수스 전투를 묘사한 로마 시대 폼페이의 벽화

그리스의 철학자 아리스토텔레스로부터 역사와 학문을 배우면서 정복자로서 세계 제패의 꿈을 키운다), 이어 부친 필립 왕(발 킬머)의 암살로 20세의 나이로 왕위에 오른 알렉산더와 그 후 군대를 이끌고 8년간의 정복 행진을 거듭하면서 페르시아에서 서아시아, 이집트, 인도와의 히다스페스 전투에 이르기까지의 전쟁사를 재현하고 있다.

영화는 가우가멜라 전투에 방점을 두고 있는데, 알렉산더 대왕을 단순한 정복자를 넘어 세계 전쟁사에 길이 남을 전쟁 영웅으로 부각하고 있다. 알렉산더 대왕을 인간 존중의 가치를 세계에 전파한 전쟁 지도자로 해석하고 있다.

영화는 특히 가우가멜라 전투를 '자유인으로서 군대'와 '왕의 노예부대'로서 대결로 정의하고 있다. 알렉산더는 그의 부하들 앞에서 "우린 노예가 아닌 자유인 마케도니아 군인으로서 여기에 왔다. 두려움을 이겨내고 자유, 영광, 조국 그리스를 위해 싸워라"라며 앞장서 적진으로 달려간다. 그는 또 군인으로서 영예는 "국가를 위한 전쟁에서 용기를 갖고 싸우다 국민을 위해 죽는 것"이라고 역설한다. 반면에 "페르시아군은 나라를 위해 싸운 것이 아니라 왕을 위해 싸우는, 충성심 없는 노예들이다"라고 비판한다.

영화는 평원에서 벌어지는 가우가멜라 전투를 하늘을 나는 독수리의 눈(시점)을 통해 보여주는데, 양측의 수많은 병사들이 광야에서 진격하고 후퇴하는 모습들이 물결치듯 파노라마처럼 펼쳐진다. 영화는 실제 알렉산더의 전술 전략을 이해하기 쉽게 자막 설명을 곁들여 중앙은 팔랑크스, 좌측은 기병 부대, 우측은 백병전의 모습을 나눠 보여준다. 백병전을 벌이는 양측 병사들의 무자비한 전투장면을 사실적으로 표현하고 있다.

알렉산더는 13년 재위 기간 대부분을 대장정에 나서 정복지마다 도시를 건설, 유럽과 아시아가 교통하게 해 그리스 문화와 오리엔트 문화가 융합된 헬레니즘 문화를 꽃피우게 했다. 그는 출전하는 장군 및 병사들과 격의 없는 소통의 리더십과 정복지 박트리아(아프가니스탄) 출신의 록사네를 왕비로 맞아들이는 등 타 문명을 존중하는 '정복했지만 군림하지 않는' 통합의 리더십을 보여준 지도자였다.

알렉산더 대왕은 BC 323년 바빌론에 돌아와 아라비아 원정을 준비하던 중, 32세의 젊은 나이로 요절한다. 하지만 후계자를 정하지 못해 그가 정복한 땅은 마케도니아, 이집트, 시리아 등 3개의 왕국으로 분할된다. 이후 지중해를 중심으로 한 유럽의 질서는 로마가 재편한다.

⚔ 글래디에이터 Gladiator ⚔

감독 | 리들리 스콧 출연 | 러셀 크로우, 호아킨 피닉스 2000년

"내 이름은 막시무스 데시무스 마르디우스.
북부군 총사령관이자 펠릭군의 장군이었으며, 아우렐리우스 황제의 충복이었다.
불타죽은 아들의 아버지이자, 능욕당한 아내의 남편이다.
반드시 복수하겠다. 살아서, 안되면 죽어서라도!"

막시무스가 이름을 밝히라는 코모두스 왕을 향해 하는 외침.

로마 엔터테이너 검투사의 가족 사랑

게르만족은 훨씬 이전부터 로마제국의 골칫거리였다. 로마는 북쪽 국경을 라인강에서 엘베강으로 넓혀 게르만족을 지배하려고 하였으나 실패해 도로 라인강으로 후퇴했다. 그래서 로마는 궁여지책으로 유럽 중부, 도나우강의 북쪽, 라인강 동쪽에서 비스와강까지를 게르만족이 거주할 수 있는 지역으로 했고, 이 지역을 게르마니아(Germania)로 불렀다.

3세기 게르만족의 한 부류인 고트족, 프랑크족, 알라마니족이 로마를 공격해 로마는 게르만족을 지배하려는 것을 포기하고 그들과 교류를 했다. 이후 게르만족은 점차 로마로 스며들기

시작했다. 게르만족엔 많은 민족이 분류되어 있었으므로 로마는 일부 게르만족과는 싸우는 한편 또 다른 게르만족과는 동맹을 맺는 식으로 게르만족을 다루었다. 4세기 들어 로마는 게르만족으로 구성된 용병제도까지 갖췄고, 게르만족은 아예 로마 변경지대 안으로 이주해 와 경작하고 세금을 내기도 했다.

리들리 스콧 감독의 영화 〈글래디에이터〉는 서기 180년, 마르쿠스 아우렐리우스(Marcus Aurelius) 황제가 12년에 걸친 게르마니아 전쟁을 거의 마무리하던 무렵, 로마 통합의 마지막 저항세력인 게르만족과의 전투에서 시작한다.

당시 로마제국의 영토는 아프리카 사막에서 잉글랜드 북쪽까지 있었는데 당시 세계 인구의 1/4이 로마제국의 지배 아래에 있었다. 마르쿠스 아우렐리우스(121~180년)는 로마제국의 제16대 황제(재위 161~180년)로 이른바 5현제의 마지막 황제이며, 『명상록』을 남긴 후기 스토아학파 철학자이기도 하다.

아우렐리우스 황제는 게르만족의 계속된 침입으로 재위 기간의 대부분을 전쟁터의 막사에서 보내야만 했는데 그때 병을 얻어 도나우 강변의 진중에서 죽었다. 그다음 황제를 이어받은 코모두스는 마르쿠스 아우렐리우스 황제의 아들로서 부친의 재위 때부터 게르마니아 등 여러 지방에서 참전했다. 하지만 선친 사후 이민족의 침략과 재정적 문란, 근위군사령관의 권력 남용, 원로원과의 대립 등이 문제가 돼 192년 암살됐다.

영화는 '아우렐리우스 사후 게르만족의 침략과 근위군사령

모자이크 속 글래디에이터

관 등의 권력 남용, 원로원과의 대립 등이 문제가 돼 암살됐다'
라는 역사적인 사실에 방점을 두고 만들어졌다. 하지만 시대적
인 배경만 같을 뿐 내용은 역사적 사실과는 상당 부분 다르다.
막시무스를 빼고 아우렐리우스, 코모두스, 루실라는 역사적 인
물이다. 영화 속의 게르만족은 로마군처럼 정규 군대는 아니지
만 울창한 숲이 있는 삼림지대에 거주하면서 수렵 생활로 전투
력이 강한 병사로 그려져 있다.

　영화는 다뉴브 강가 전투에서 게르만족을 크게 이긴 장군
막시무스(러셀 크로우)를 중심으로 펼쳐진다. 그는 아우렐리우
스 황제로부터 왕위를 제안받지만 사양한다. 이를 안 아들 코모
두스는 부친 아우렐리우스를 살해하고 막시무스마저 살해하려
하지만 실패한다. 가까스로 살아남은 막시무스는 노예를 거쳐
검투사가 돼 다시 로마에 들어와 코모두스에게 복수한다는 내

서기 2세기경 로마 제국과 게르마니아를 나타낸 지도.

용이다. 이 과정에서 검투사 막시무스는 경기마다 승리해 군중
들을 열광케 하는 로마 시민의 영웅이 된다. 그러나 오래전 사
랑했던 코모두스의 누이 루실라를 다시 만나게 되면서 코모두
스를 제거하려는 원로원 계획에 가담하지만 발각돼 체포되고,
코모두스와 일대일 대결에서 코모두스에게 복수하고 막시무스
자신도 죽는 것으로 영화는 끝난다.

영화는 로마 원형경기장에서 맹수와의 전투를 벌이는 검투
사(gladiator) 이야기인데 당시 황제 등 권력자들은 시민의 인
기를 얻기 위해 검투사를 이용하기도 했다. 시민의 관심사를 검
투사 경기로 돌리는 정치적인 방편으로 쓴 것이다. 대부분의 검

투사는 전쟁포로·노예·범죄자였지만 일반 자유인들도 돈을 벌기 위해 참가했다. 기사 계급이나 원로원 계급이 출전하는 사례도 있었다. 영화 속 코모두스 황제도 검투사로서 투기 대회에 출전했다.

글래디에이터는 지금의 엔터테이너다. 대중들의 인기를 먹고 사는 직종이었다. 당시 글래디에이터들도 급수가 있었고 메이저 리그와 마이너 리그가 존재했다. 마이너 리그에서 시작해 메이저로 부상해 스타가 되기도 한다는 점에서 프로야구 등 프로스포츠 세계를 닮았다. 예나 지금이나 엔터테이너에 대한 대중들의 인기는 폭발적인 모양이다.

역사는 영화의 시대적 배경이 된 아우렐리우스시대는 물론이고 로마제국의 첫 황제 아우구스투스(BC63~AD14) 통치기부터 200여 년간을 팍스로마나(Pax Romana, 로마의 평화)로 명명하고 있다. 하지만 로마제국은 395년 서로마제국과 동로마제국으로 분할된다. 그 후 게르만족 출신의 용병 오도아케르가 서로마 제국의 마지막 황제 로물루스 아우구스툴루스를 퇴위시키면서 476년 로마 제국은 멸망한다.

⚔ 적벽대전 Red Cliff ⚔
거대한 전쟁의 시작
& 최후의 결전

감독 | 존 우 출연 | 양조위, 금성무, 장풍의 2008년 & 2009년

"의심나는 사람은 쓰지 않고, 한번 쓰면 의심하지 않는다
(疑人勿用 用人 勿疑)."

조조의 책사들이 장윤과 채모를 의심하자 조조가 하는 말.

풍수를 아는 자가 이긴다

역사는 중국 삼국시대를 '군웅이 할거하는 시대'라고 쓰고
있다. 기원전 210년 진(秦)나라의 시황제가 죽자, 각지에서 반
란이 일어난다. 고조(유방)가 항우를 격파하고, 전한에 이어 후
한이 세워지고, 3세기에 조조 · 손권 · 유비 등이 위(魏) · 오
(吳) · 촉(蜀) 세 나라를 건국한다.

이후에도 천하 통일을 위한 끊임없는 전쟁이 일어난다. 이
가운데 후한(後漢)말 208년에 후베이성 자위현의 북동, 양쯔강
남안에 있는 적벽에서 치러진 전투가 적벽대전(赤壁大戰)이다.
화베이를 통일한 조조가 대군을 이끌고 손권과 유비의 연합군

과 싸운 전투다. 당시 조조가 공격하자 손권은 주유를 총지휘관으로 삼아 3만 병사를 거느리고 양쯔강을 거슬러 올라가 하구에서 유비의 군대와 합세했다. 그런 다음에 유비와 손권의 연합군은 서쪽으로 더 올라가 적벽에 이르러 양쯔강 남쪽에 군대를 주둔시켰다. 이때 조조의 군대는 양쯔강 북쪽에 진을 치고 있었다. 양쯔강을 사이에 두고 사활을 건 수전(水戰)이 시작된 것이다. 결국 조조가 이 싸움에서 패해 천하 통일을 뒤로 미루고 위, 오, 촉 삼국으로 정립된다. 세계 전쟁사는 '적벽대전은 적은 수로 많은 대군을 이긴 전투 중 하나'로 기록하고 있다.

영화 〈적벽대전〉 1, 2편은 중국의 대륙이 위, 오, 촉 삼국으로 분할되는 데 분수령이 된 적벽대전을 다루고 있다. 정사에 남은 기록이 짧고 모호해 적벽대전의 전모를 정확하게 파악하기 힘들고, 명나라 인물 나관중이 집필한 소설 『삼국지연의』를 기본으로 했기에 영화 속 허구는 불가피한 것으로 보인다. 하지만 역사 상당 부분을 그대로 재현하면서 전쟁의 스펙터클을 보여준다.

영화는 위, 촉, 오 3국이 대립하던 서기 208년, 위의 조조(장풍의)가 후한의 황제 헌제에게 촉의 유비를 공격할 것을 주장하는 장면으로 시작한다. 중국 북쪽을 장악한 조조가 천하통일을 위해 형주를 향해 남하하려는 것이다. 한편 조조에게 쫓긴 유비는 손권과 연합해 보려고 하지만 손권은 조조를 의식해 선뜻 나서지 못한다. 이때 유비의 책사인 제갈량(금성무)이 나서 손권의 책사인 주유(양조위)를 만나 설득해 촉·오 연합군이 결성된다. 유비와 손권이 손을 잡았다는 것에 분노한 조조는 대군을 이끌고 공격하지만 적벽에서 크게 패한다.

영화의 클라이맥스는 적벽에서의 수전인데, 바람, 불, 물과의 전쟁임을 보여준다. 제갈량의 동남풍, 병사들의 이탈과 뱃멀미를 막기 위한 조조의 연환계(連環計, 배들을 쇠사슬로 한데 묶은 다음 배 위에 넓은 판자를 까는 것), 이에 맞서는 주유의 장수 황개의 위장 화공(火攻)작전 등 풍수지리를 이용한 전술 전략을 잘 보여준다. 결국 조조는 연환계가 오히려 화근이 돼 화공작전에 역공을 당한다. 이런 바람, 불, 물 등 자연현상을 이용한 전술 전략은 〈트로이〉 등 고대 서양의 전쟁영화에선 찾아볼 수 없는 장면들이다.

영화 속 풍수를 이용한 전쟁 장면은 역사적 사실과는 별도로, 자연의 이용이야말로 전쟁 등 나라의 운명을 결정하는 중대사의 요인으로 작동한다는 것을 말해준다. 하지만 영화에서 조조가 주유의 여자 소교 때문에 전쟁을 시작했다거나(소교는 조조의 공격 시기를 놓치게 하는 치명적인 매혹녀, 즉 '팜므파탈' 역할을 한다), 조조의 참모 장간이 주유를 만나 정세를 염탐한다거나, 짚을 실은 배를 보내 조조 군이 쏜 화살을 모두 가져오게 하거나, 손권 여동생의 첩자 행위 등은 다 영화적인 허구들이다.

1, 2편을 합쳐 4시간 반이 넘는 영화엔 전쟁영웅이 많이 나온다. 주유를 비롯해 조조, 제갈량, 손권, 유비, 장비, 관우 등이 나와 무인으로서 기개와 기예에 가까운 검술을 보여주며 전쟁의 스펙터클을 선사한다. 감독은 주윤발 주연의 〈영웅본색〉, 〈첩혈쌍웅〉 등과 할리우드 액션 스릴러 〈페이스오프〉, 〈미션 임파서블2〉를 연출한 홍콩 느와르의 명감독, 오우삼(吳宇森, John Woo)이다.

적벽대전에서 주유는 이기고, 조조는 졌다. 군사적으로만 보면 조조가 이길 수 있는 전쟁이었다. 주유는 서두르지 않고 정세를 분석하고 제갈량 등 참모들의 얘기를 경청했다. 반면 조조는 허세를 부렸다. 화베이를 장악하고 대군을 가진 조조는 급했다. 대군이지만 투지가 없는 피정복자 병사가 많았고 남방의 풍토병에 시달리고 있는 병사들을 소홀히 했다. 자신을 과신했고 적을 얕잡아 본 것이다.

적벽대전 이후 삼국 간의 전쟁 소용돌이 속에 촉은 위에게 망하고, 위는 사마(司馬)씨 일족에게 나라를 빼앗겨 280년에 진(晉)이 건국된다. 또 진은 오(吳)를 정복해 중국을 통일한다. 이로써 삼국 시대는 막을 내리게 된다.

✖ 킹덤 오브 헤븐 ✖
Kingdom Of Heaven

감독 | 리들리 스콧 출연 | 올랜도 블룸, 에바 그린, 리암 니슨 2005년

"아무것도 아니다(Nothing),
하지만 모든 것이기도 하다(Everyting)."

"예루살렘이 무엇인가?(What is Jerusalam Worth?)"란
발리안의 물음에 이슬람 지도자 살라딘의 대답.

아, 성지 예루살렘, 현대 전쟁의 뿌리

세계 전쟁사에서 가장 긴 전쟁은 십자군 전쟁(crusades, 1096~1291년)일 것이다. 200년 가까이 계속된 싸움이었다. 프랑스, 독일, 영국 등 서방 기독교 세력이 '성지' 예루살렘을 탈환하고자 셀주크 튀르크, 쿠르드 등 중동 이슬람 세력과 싸운 전쟁이다.

십자군이 수천 킬로미터를 마다하지 않고 낯선 땅으로 가서 이슬람교들과 싸운 원동력은 기독교인들의 신앙심이다. 1095년, 교황 우르바노 2세가 프랑스 클레르몽 공의회에서 십자군을 제창한 것이 시발점이다. 세속 군주보다 영향력을 점점 잃고

있다고 판단한 우르바노 교황이 독일과 이탈리아보다 상대적으로 황제의 영향력이 작은 프랑스에서 십자군 원정을 제창한 것이다.

십자군의 태동이 종교적 요인만은 아니었다. 봉건영주와 하급 기사들은 새로운 영토지배의 야망에서, 상인들은 더 많은 경제적 이익 때문에, 농민들은 봉건사회의 압제에서 벗어나려는 희망에서 원정에 나섰다.

1차 십자군 원정(1096년)은 기독교에 대한 신앙심으로 3년 만에 예루살렘을 차지하는 데 성공했다. 그 덕분에 십자군은 소아시아와 이스라엘에 이르는 넓은 땅에 네 개의 십자군 왕국을 세웠다. 하지만 이슬람교도 다시 세력을 모아 예루살렘을 위협했다. 이에 유럽 나라들은 1147년 2차 십자군으로 맞섰으나 이슬람 군대에 패했다. 이후 이슬람 새 지도자 살라딘이 등장해 지하드(이슬람교의 성스러운 전쟁)를 선언하고 하틴 전투(The Battle of Hattin)에서 기 드 루지앙의 십자군을 크게 이겨 1187년 예루살렘을 되찾는 데 성공했다. 십자군 전쟁은 유럽 전체를 바꾸어 놓았는데 교황의 권위는 추락했고, 봉건 영주들은 몰락했다. 반면 국왕들의 권력은 강화됐다. 또 전쟁 이후 동서 간 교역 활발해져 농업 중심이었던 중세 봉건 사회의 기반을 무너뜨렸다.

영화 〈킹덤 오브 헤븐〉은 1184년 2차 십자군 전쟁을 배경으로 프랑스의 작은 마을에서 시작한다. 아내를 잃고 깊은 슬픔에 잠겨있는 대장장이 발리안(올랜도 블룸)에게 상처를 입은 십자군 기사 고프리(리암 니슨)가 찾아온다. 그는 바로 발리안의 아버지. 발리안은 부친을 따라 십자군 원정에 나선다. 가는 도중 고프리의 죽음으로 작위를 받아 정식기사가 된 발리안은 예루살렘에 도착해 나병에 걸린 국왕에게 충성을 서약한다. 그 후 발리안은 왕의 여동생 시빌라(에바 그린)와 사랑에 빠지게 되고 국왕은 죽는다. 이 틈에 호전적인 교회 기사단의 우두머리 기 드 루지앙이 왕위에 오른다. 기 드 루지앙은 이슬람의 살라딘 군대와 하틴 전투를 벌이지만 살라딘에게 체포된다. 이어 살라딘은 대군을 이끌고 예루살렘 성으로 진격해 온다. 남은 병력이 거의 없는 상황에서 발리안은 살라딘 대군에 맞서 싸울 것을 결의한다. 하지만 발리안과 백성병사들의 분투에도 불구하고 성벽은 무너지고, 돌연 살라딘이 협상을 요청하자 발리안은 이에 응하며 화해한다.

영화의 주요 인물인 시빌라, 기 드 루지앙, 살라딘 등은 실제 역사적인 인물이다. 이들 인물은 영화적인 완성도를 위해 각색이 불가피했는데, 실제 살라딘은 영화 속 표현대로 십자군 패잔병들을 정중하게 대우한 합리적이고 관대한 이슬람 지도자였다. 명장 리들리 스콧 감독은 이들 역사적인 인물에 가상 인물 발리안을 만들어 '하늘의 왕국은 기독교도, 이슬람교도 아닌 백성의 왕국'이란 메시지를 전한다. 발리안이 감독의 메시지인 셈이다. 전쟁으로 아내를 잃은 대장장이 출신인 발리안은 줄곧 백성과 병사들 편에서 이슬람교와 화해하려 하기도 하고, 싸우기도 한다. 그가 성을 지키며 싸우는 목적은 '끝까지 버텨 협상을 유도하는 것'이다.

영화는 살라딘과의 전쟁을 거부하고 예루살렘을 떠나는 영주 티베리아스(제레미 아이언스)의 "예루살렘은 나의 전부였다. 하지만 깨달았다. 신은 핑계였고 목적은 영토와 재물이었다" 라는 말을 통해 십자군을 비판한다. 영화는 당시에 쓰였던 칼, 활, 석궁과 갑옷으로 둘러싼 공성탑인 충차(衝車) 등으로 전쟁 스펙터클을 선사한다. 특히 공성 충차로 낙뢰를 퍼붓는 모습이 압권이다.

영화는 1189년, 영국의 리처드 1세가 3차 십자군 원정을 나서는 장면에서 마무리된다. 영국의 리처드 1세, 프랑스의 필리프 2세, 신성 로마 제국의 프리드리히 1세가 직접 원정에 참여하는 최강의 기독교 군대를 조직했으나 프리드리히 1세의 죽음과 필리프 2세의 이탈로, 리처드 1세는 전쟁을 포기하고 살라딘에게 협상을 요청, 3차 십자군 원정을 끝낸다. 이후 1270년까지 십자군 원정은 다섯 차례 더 있었다. 하지만 예루살렘을 찾겠다는 본래의 목적은 잊고 왕과 기사, 교황이 서로 권력과 경제적 이익만을 얻으려 해 200여 년에 걸친 십자군 원정은 제1차 원정만 빼고 모두 실패했다. 그 후 예루살렘은 이슬람교도들이 지배하게 됐다.

영화의 끝부분, 전장의 한복판에서 발리 안은 살라딘에게 묻는다. "예루살렘이 무엇인가?(What is Jerusalem Worth?)" 살라딘은 답한다. "아무것도 아니다(Nothing). 하지만 모든 것이기도 하다(Everything)." 신을 위해, 또는 아무것도 아닌 것을 위해 지금도 기독교와 이슬람교는 전쟁하고 있다.

⚔ 브레이브하트 Braveheart ⚔

감독 | 멜 깁슨 출연 | 멜 깁슨, 소피 마르소, 패트릭 맥구한 1995년

"프리덤!(freedom!)"

교수형 당하기 직전, 스코틀랜드의 자유와 독립을 알리는 월리스의 마지막 외침.

스코틀랜드 전사의 마지막 외침, 자유!

영국 북쪽 스코틀랜드는 로마제국에도 '정복되지 않는 땅'이었다. 서기 43년 잉글랜드를 정복한 로마는 84년까지 여러 차례 스코틀랜드를 공격했으나 스코틀랜드는 끝내 굴복하지 않았다. 험한 산맥들로 이루어진 지형도 한몫했다. 그 뒤 잉글랜드는 300년 동안 로마의 지배를 받았지만, 스코틀랜드는 로마로부터 자유로웠다. 그 후 로마제국이 멸망하고 스코틀랜드와 잉글랜드 간에 전쟁이 잦았다. 주로 잉글랜드가 스코틀랜드를 공격하는 형세였다. 그럴 때마다 스코틀랜드는 나라를 잘 지켰다.

스코틀랜드의 에든버러 북쪽에 있는 스털링(Stirling)은

'항쟁의 땅(Place of Striving)'이라는 의미인데, 스코틀랜드를 위기에서 구한 전설적인 인물 윌리엄 월리스(William Wallace)가 잉글랜드군을 크게 무찌른 곳이다. 월리스는 1297년 9월 스털링 다리 전투에서 농민이 주축이 된 5,000명의 군사로 2만 5,000명의 잉글랜드 정예군을 격파했다. 하지만 폴커크 전투에선 잉글랜드군에 패배했다. 그 뒤 월리스는 도피 중 잡혀, 사지는 찢기고 내장은 불태워진 뒤, 머리는 런던 다리에 걸렸고, 팔과 다리는 영국의 네 군데 변방에 경고용으로 보내졌다.

영화 〈브레이브하트〉는 13세기 말, 스코틀랜드의 독립전쟁을 배경으로 윌리엄 월리스의 일대기를 그린 작품이다. 영화는 스코틀랜드가 잉글랜드와 실제 벌였던 스털링 다리 전투, 폴커크 전투, 배녹번 전투를 차례대로 다루고 있는데, 스코틀랜드가 독립해 자유를 얻기까지의 희생을 감동적으로 표현하고 있다.

1280년, 스코틀랜드는 잉글랜드의 왕가 롱생크의 압정에 시달리고 있었다. 윌리엄 월리스(멜 깁슨)는 연인 머론을 만나 결혼하지만 그녀는 잉글랜드군에게 처형된다. 월리스는 머론의 죽음을 복수하는 과정에서 스코틀랜드군을 이끄는 지도자가 된다. 월리스 군대는 스털링 다리 전투에서 잉글랜드에 큰 승리를 거둔다. 월리스 군대의 용맹함에 당황한 롱생크는 휴전을 제의, 공주 이사벨(소피 마르소)을 화해의 사절로 보낸다. 월리스를 만난 이사벨은 그의 애국심과 용맹함에 매혹돼 오히려 잉글랜드의 침공 사실을 알려준다. 폴커크 전투에서 다시 치열한 전투를 벌인 월리스는 스코틀랜드 기사들의 배신으로 치명적인 패배를 당한다. 가까스로 목숨을 건진 월리스는 다시 군대를 정비하려 하나 롱생크의 계략에 속아 체포돼 공개 처형된다.

감독 멜 깁슨은 스코틀랜드의 독립영웅 월리스에 집중하면서도 역사적인 사실과 영화적인 드라마를 잘 녹여, 러브 스토리를 곁들인 웰 메이드(well-made) 전쟁영화를 만들어 낸다. 마지막 순간까지 "프리덤 (freedom)"을 외치며 스코틀랜드의 자유와 독립을 알리고 의연하게 죽음을 맞는 월리스의 처형장면이 감동적이다.

영화의 주제는 자유. 영화는 결코 쉽지 않은 스코틀랜드 독립과정을 보여주면서 자유 독립에 초점을 맞추고 있다. 월리스가 아버지를 여의고 슬픔에 잠겨 있을 때 삼촌은 말한다. "넌 자유인이다. 용기를 갖고 꿋꿋하게 살아라." 이 말은 월리스의 가슴에 깊이 박히면서 그의 좌우명이 되는 동시에 영화가 궁극적으로 말하고자 하는 테마가 된다.

월리스는 스털링 전투에 나가는 병사들에게 "달아나면 당분간은 살 수 있겠지만 세월이 흘러 죽게 됐을 때 오늘과 그때의 시간을 맞바꾸고 싶어질 거요. 이 단 한 번의 기회를 얻어 적들에게 외치고 싶을 거요. (그들이) 우리의 목숨은 앗아갈 순 있지만, 우리의 자유는 못 뺏을 거라고!" 영화는 또 월리스와 브루스 등 전쟁영웅들이 잉글랜드의 회유책과 스코틀랜드 귀족의 분열, 귀족과 농민 간의 갈등을 극복하고 투쟁해 가는 과정을 비중 있게 다루고 있다. 영화는 스코틀랜드의 산과 강, 들판 등 자연경관과 성(城)들을 자주 보여주는데, 그것은 '조국의 땅'을 강조하면서 영화의 주제인 스코틀랜드의 독립과 자유의 소중함을 은연중에 드러내려는 의도로 보인다.

월리엄 월리스의 죽음은 스코틀랜드 독립운동에 불을 지폈다. 그가 죽은 뒤 스코틀랜드 귀족인 로버트 더 브루스와 스코틀랜드군들은 1314년 잉글랜드 왕인 에드워드 2세와 싸운 배녹번 전투에서 크게 승리했다. 이 전쟁으로 브루스는 스코틀랜드 왕 로버트 1세로 즉위했고 스코틀랜드는 비로소 독립하게 된다. 영화는 배녹번 전투의 시작과 동시에 끝난다.

스코틀랜드는 지금도 분리 독립을 원하고 있다. 2016년 6월 23일 영국의 EU 회원국 잔류/탈퇴를 묻는 국민투표에서 잉글랜드와 웨일스에서 탈퇴가 우세해 브렉시트(영국의 유럽 연합 탈퇴)가 결정됐다. 하지만 스코틀랜드에서는 EU 잔류가 우세했다. 만약 스코틀랜드가 독립할 경우, EU에 가입할 수도 있다.

⚔ 잔 다르크 Jeanne d'Arc ⚔

감독 | 뤽 베송 출연 | 밀라 요보비치, 존 말코비치 1999년

"평화는 창끝에서 나온다."

잔 다르크가 프랑스왕 샤를 7세에게 병사를 달라며 하는 말.

신이 내린 여전사

15세기 프랑스와 영국(잉글랜드)이 100년 넘게 싸운 백년전쟁(1337~1453년)은 프랑스가 자신보다 더 많은 프랑스 땅을 가진 영국과 프랑스 왕위계승을 둘러싸고 벌인 싸움이다. 당시 양국은 왕조 간의 이해관계와 정략결혼 등으로 국가 간의 영토와 왕위 계승권에 대한 분쟁이 적지 않았다. 영국이 군도(群島)로서 유럽 대륙과 떨어져 있는데도 프랑스와 자주 부딪치거나 혹은 밀접한 것은 지리적으로 가깝기 때문이다(영국은 프랑스 해안에서 35.4km 떨어져 있을 뿐인데 같은 군도인 일본은 중국과는 740km, 한국과는 177km나 떨어져 있다).

백년전쟁의 발단은 영국의 에드워드 3세가 혈연을 따져 프랑스 국왕 자리를 차지해 프랑스를 아예 영국에 합병하려는 의도 때문이었다. 백년전쟁의 초기, 프랑스와 영국의 전력은 비슷

했다. 프랑스군의 주력은 중무장한 봉건 귀족의 기사이었다. 프랑스 기사들은 갑옷에 철판을 덧붙였다. 당시 병사들의 갑옷 무게는 보통 60~80kg이나 돼 기동력을 발휘할 수 없었다. 이에 맞서 영국의 가장 큰 무기는 긴 활을 이용한 강력한 화살과 굉음을 내며 터지는 대포였다.

전세는 영국군에게 유리하게 전개돼 프랑스 내의 영국영토는 더욱 늘어났다. 그 후 양국은 내란, 결혼 등으로 장기간 휴전과 전쟁을 이어오다 1442년 영국과 프랑스 부르고뉴파가 영국 헨리 6세를 두 나라의 왕으로 세우자 프랑스의 아르마냐크파가 그를 왕으로 받아들이지 않고, 샤를 7세를 따로 프랑스 왕위에 올렸다. 그러자 영국은 1428년 오를레앙(프랑스 중부, 루아르강의 오른쪽 기슭에 있는 도시)을 포위, 샤를 7세를 공격했다. 이때 프랑스에 나타난 전쟁 영웅이 19살의 소녀 잔 다르크 (1412~1431년)다. 신의 계시를 받았다는 그녀는 백성들로부터도 절대적인 지지를 받으며 전투에 앞장섰다. 이로써 승세를 잡은 프랑스가 116년 만에 마침내 프랑스 영토에서 영국군을 몰아낼 수 있었다.

영화 〈잔 다르크〉는 잔 다르크가 영국군에게 잡혀 마녀로 지목돼 화형에 처하기 전까지 소녀 전사로서의 무용담과 신의 계시를 받은 백성으로서 조국 프랑스를 위기에서 구해낸다는 내용을 그리고 있다. 영화는 남성 중심의 전쟁에서 어린 소녀 병사로서 겪는 아픔과 십자군 원정으로 피폐해진 유럽 분위기 속에서 귀족 및 성직자에 당당히 맞서는 모습을 보여준다.

당시는 십자군 전쟁(1096~1291년)이 끝난 지 얼마 되지 않아 마녀사냥이 성행했고 교회의 이단 논쟁도 끊이질 않았다. 또한, 100년이 넘는 전쟁으로 농민들의 생활은 더욱 힘들었고 흑사병이 창궐했는데 영화는 이런 역사적 사실을 잘 재현하고 있다.

1420년대, 프랑스 영토의 상당 부분을 잃고 왕권마저 영국에 빼앗겼지만, 프랑스 황태자 샤를 7세(존 말코비치)는 대관식을 거행해 왕이 되고 싶어 한다. 그렇기 위해선 랭스(Rheims)로 가야 한다(랭스에서 왕관을 쓰지 않으면 왕으로 인정받지 못한다). 하지만 영국군이 점령하고 있어 갈 수 없다.

이 무렵 신의 계시를 받아 '신의 메신저'라고 불리는 잔(밀라 요보비치)이 성안에 도착한다. 그녀는 어린 시절 언니가 자기 대신 영국군에게 잔인하게 살해당하자 언니를 위해 복수하기로 신에게 맹세했다. 잔은 샤를 7세에게 "나에게 군대를 달라. 그곳에 가서 신의 뜻을 증명하겠다"라고 말한다. 샤를 7세에게 어렵게 군대를 받은 잔은 부하들을 이끌고 영국군을 공격한다. 그녀는 첫 번째 전투에서 크게 승리한다. 그다음 전장에서도 고군분투해 기적적으로 승리하고 오를레앙을 탈환한다.

이로써 샤를 7세는 랭스 대성당에서 대관식을 올리고 프랑스는 왕권을 되찾는다. 하지만 잔은 아직 영국군에게 점령당한 프랑스 땅에서 굶어 죽어가는 백성들의 처절한 편지를 받고는 계속 싸울 것을 샤를 7세에게 건의한다. 그러나 왕이 돼 전쟁을 할 이유가 없어진 샤를 7세는 거절한다. 영화 후반부, 샤를 7세는 왜 병사를 지원하지 않느냐며 따지는 잔에게 "외교가 더 경제적이고 더 문명적이고 더 안전하다"라며 영국과 협상을 원한다고 말한다. 이에 잔은 "평화는 창끝에서 나온다"며 파리를 탈환해 영국군을 완전히 몰아내야 한다며 뜻을 굽히지 않는다.

영화는 프랑스군과 영국군 간의 전쟁에서 점차로 잔 다르크와 샤를 7세의 대결양상으로 바뀐다. 신과 백성의 뜻을 따르는 잔 다르크와 권력을 좇는 왕 샤를 7세를 포함한 왕족 및 중세 성직자의 대립 구도로 전환되는 것이다.

영화는 비정한 권력의 속성을 비판하면서 한 지휘관이 전쟁 속에서 자기 확신을 갖기가 얼마나 어려운가를 보여준다. 왕위에 오른 샤를 7세와 권위만을 고집하는 중세 성직자와는 다르게 그녀는 백성을 대변해 전쟁의 당위성을 얘기하지만 끝내 이루지 못한다. 그래서 잔 다르크는 희생양이 된다. 샤를 7세를 왕으로 만드는 데 누구보다 앞장선 일등공신이었지만 이후, 왕과 측근 세력들에게 제거당한 것이다. 킹메이커가 킹에게 당한 꼴이다.

여주인공 밀라 요보비치는 뤽 베송 감독의 〈제5원소〉로 세계적인 스타로 발돋움하며 액션 스릴러 〈레지던트 이블〉, 〈울트라바이올렛〉 등에서 잇달아 여전사역을 맡아 드물게 액션 이

미지가 강한 여배우로 자리매김했다.

백년전쟁은 농민의 살림을 피폐하게 하고 농토를 황폐화시킨 반면, 봉건 기사 세력도 무너뜨렸다. 이를 계기로 중세 봉건 사회가 문을 닫고 중앙 집권화로 절대 왕정이 들어섰다. 또 농노 해방의 길이 열렸으며, 부르주아 계급(성직자와 귀족에 대항하는 제3의 중산 시민계급)의 등장도 불러왔다.

2장

제국주의 전쟁

식민지의 반란

제국주의 전쟁 – 식민지의 반란

〈라스트 모히칸〉 신대륙의 잔혹사

〈패트리어트: 늪 속의 여우〉 미 독립전쟁의 신출귀몰한 영웅

〈레미제라블〉 혁명도 빵은 해결 못했다

〈바람과 함께 사라지다〉 미 남북전쟁 패자, 남부의 진혼곡

〈늑대와 춤을〉 인디언은 고향에서조차 춤출 수 없었다

"개척지는 해가 갈수록 인디언 숲을 밀어내며 넓어지고 있어. 언젠가는 모두 사라지겠지. 그때면 우리도 사라질 거야. 새로운 사람들이 오겠지. 일하고, 싸우고, 누군가는 우리가 한때 여기 살았단 것을 밝혀주겠지."

- 영화 <라스트 모히칸>의 엔딩, 멀리 산 아래를 내려다보는 주인공
나다니엘, 코라와 나란히 선 모히칸 족장 칭가치국이 하는 말.

16~17세기는 유럽의 교회를 개혁하려는 종교개혁(Reformation)이 가톨릭 중심의 질서를 무너뜨리고 영국, 독일 등 프로테스탄트 국가들을 탄생시킨 시기다. 하지만 가톨릭의 영향력도 쉽게 사라지지 않았다. 이들 개신교 유럽제국들은 가톨릭 세력을 벗어나 새 길을 찾을 수밖에 없었다. 이들 제국들은 아프리카 남단을 돌아 인도 등 아시아에 진출했다. 일부는 아메리카 신대륙에 도착했다. 지중해 일대를 이슬람 세력이 장악, 우회해 식민지 개척에 나선 것이다.

18세기 아메리카 신대륙은 유럽 제국주의의 각축장이었다. 영국과 프랑스의 세력이 두드러졌다. 인류 지리 역사학자 재레드 다이아몬드 교수가 저서 『총, 균, 쇠』에서 밝혔듯이 16세기

총과 쇠 등 무기를 가진 스페인 정복자가 잉카제국을 멸망시키고 원주민을 약탈하고 지배한 것처럼 이후에도 여전히 영국, 프랑스 등 유럽 제국들이 아메리카 전역에서 식민지 전쟁을 반복하면서 원주민들이 설 땅을 잃었다.

영국과 프랑스, 두 나라는 별 충돌 없이 신대륙에서 각자 영향력을 확대해 갔다. 그러다 북아메리카 오하이오강 주변의 인디언 영토를 둘러싸고 벌인 전투가 '프렌치-인디언 전쟁(French and Indian War, 1755~1763년)'이다. 이 전쟁에서 이긴 영국은 북아메리카 동쪽 절반 이상을 차지했다. 마이클 만 감독의 영화 〈라스트 모히칸〉과 롤랜드 에머리히 감독의 영화 〈패트리어트-늪 속의 여우〉는 프렌치-인디언 전쟁을 배경으로 하고 있다. 특히 〈패트리어트-늪 속의 여우〉는 미국과 영국이 싸운 미국 독립전쟁(1775~1783년)의 초기 전쟁사까지 다뤘다. 실존인물 미국 민병대 리더였던 프랜시스 매리언이 영국군에 대항하여 펼친 게릴라전을 담고 있다. 이 두 전쟁은 제국주의 전쟁의 전형적인 사례다.

역설적이게도 두 전쟁으로 재정적인 큰 타격을 받은 나라는 프랑스이다. 1789년, 과도한 전쟁비 지출도 한 원인이 돼 프랑스 대혁명이 일어났다. 이후 프랑스는 혁명과 왕정, 공화국을 수차례 반복했지만 여전히 나라는 혼란스러웠다. 1799년 나폴레옹은 쿠데타를 일으켜 "혁명은 끝났다"고 선언했다. 하지만 그 역시 러시아 원정 실패로 몰락하고 1832년 다시 6월 봉기가 일어났지만 6월 봉기 역시 실패했다. 이런 혼란한 시기를 배경으로 한 영화가 빅토르 위고의 원작을 톰 후퍼 감독이 영상으로 옮긴 〈레미제라블〉이다. 빵 한 조각을 훔친 죄로 감옥살이를 한 장발장의 이타적인 삶을 그렸다.

한편 신대륙에선 흑인 해방전쟁이라 불리는 미국 남북전쟁(American Civil War, 1861~1865년)이 발발했다. 농업 중심의 남부와 공업 중심의 북부가 싸운 내전이다. 하지만 흑인 해방전쟁이란 것은 정치적인 수사일 뿐이었고 사실은 전세를 유리하게 하려는 북군의 고육지책이었다. 링컨은 1864년 그랜트 장군을 총사령관으로 임명하고 총력전을 전개했다. 전선뿐만 아니라 남부의 농장 철도 공장 후방시설까지 공격 대상으로 삼았다. 남부의 피해는 엄청났다. 결국 남부는 항복했다. 남북전쟁은 미국이 건국한 이래 63만 명의 최대 사상자를 냈다. 이런 전쟁 양상으로 남부인들은 북부인들에게 상당한 적대심을 갖게 됐는데, 남북전쟁을 패자인 남부시각에서 본 영화가 빅터 플레밍 감독의 〈바람과 함께 사라지다〉이다. 영화는 바람과 함께 사라진 남부의 가치와 정서를 보여주고 있다.

북군은 남군과 싸우는 중에도 인디언과의 전쟁을 계속하고 있었다. 미국 인디언 전쟁(American Indian wars)은 '운디드 니 전투(Battle of Wounded Knee, 1890년 12월 29일)'를 끝으로 막을 내릴 때까지 아메리카 전역에서 300년 가까이 이어졌다. 인디언 전쟁은 작은 전쟁의 연속이었다. 인디언은 각각

나름의 역사를 가진 다양한 집단이었다. 백인처럼 일사불란하게 동원할 수 있는 국가 조직이나 단일 부족은 없었다. 각기 다른 방식으로 거주하고, 전쟁도 지역적 수준에서 결정했다. 1863년 남북전쟁 정점에서 서부를 배경으로 펼쳐지는 케빈 코스트너 감독의 영화 〈늑대와 춤을〉은 인디언의 몰락사를 보여준다. 영화는 남북전쟁 중에 서부를 지원한 백인 장교가 원주민 인디언이 돼 백인군인들과 싸우지만 결국 전멸한다는 이야기다.

19세기 들어 유럽제국들이 해외에서 식민지 전쟁을 벌인 것은 18세기 산업 혁명(Industrial Revolution) 이후 자본주의의 급속한 발전과 이로 인한 인구 증가, 실업, 계층 간 갈등, 불황 등을 해결하기 위해서였다. 값싼 원료 공급지와 상품판매를 위한 시장 확보, 자국 내에 남아도는 자본을 투자하기 위해 신대륙과, 아시아 · 아프리카 지역의 약소국을 정치 · 경제 · 군사적으로 침략한 것이다.

✕라스트 모히칸✕
The Last Of The Mohicans

감독 | 마이클 만 출연 다니엘 데이 루이스, 매들린 스토우 1992년

"살아만 있어요! 얼마나 멀리 있건 얼마나 오래 걸리던 당신을 찾겠소."

적에게 쫓기던 나다니엘이 연인 코라와 헤어지면서 하는 말.

신대륙의 잔혹사

8세기 아메리카 신대륙은 영국과 프랑스, 스페인 등 유럽 제국주의의 각축장이었다. 1492년 콜럼버스가 신대륙을 발견한 이래 300년 넘게 유럽 열강들이 신대륙에서 식민지 쟁탈을 위해 전쟁을 벌였던 시대였다. 북아메리카 대륙에서 벌어진 유럽 제국주의 간의 전쟁 중 대표적인 싸움이 영국과 프랑스가 싸운 '프렌치-인디언 전쟁(French and Indian War, 1755~1763년)'이다. 당시 세계대전으로 불리던 유럽의 7년 전쟁(Seven Years' War, 1756~1763년)보다 먼저 일어난 전쟁으로, 북아메리카 오하이오강 주변의 인디언 영토를 둘러싸

고 일어난 식민지쟁탈 전쟁이다. 영국과 프랑스 모두 인디언들과 동맹을 맺었지만, 프랑스의 유화정책으로 프랑스 쪽이 더 많았다. 이들 인디언은 허드슨만에서 미시시피강 지역까지 무시못 할 세력을 형성하고 있었다. 이 전쟁에서 이긴 영국은 북아메리카 동쪽 절반 이상을 차지했다. 7년 전쟁은 영국과 프랑스 등 유럽국가들뿐만 아니라 신대륙 아메리카까지 확대된 대규모 전쟁이었다. 당시 영국-프로이센-하노버의 연합국이 프랑스-오스트리아-작센-스웨덴-러시아의 동맹국에 맞섰다. 이 무렵 전통적으로 경쟁 관계에 있던 영국과 프랑스는 앞다투어 해외 식민지 쟁탈전을 벌였고 그 강대국 전쟁으로 아메리카 원주민인 인디언들은 삶의 터전을 잃게 됐다.

영화 〈라스트 모히칸〉은 18세기 미 대륙에서 벌어진 영국과 프랑스의 식민지 전쟁을 배경으로 자신들의 의지와는 상관없이 제국의 질서에 따라야 했던 인디언 모히칸족의 삶과 죽음, 사랑을 그렸다. 모히칸(Mohicann)족은 지금의 미국 뉴욕주 캐츠킬 산맥 북쪽 허드슨강 상류 유역에 살았던 인디언들이다.

영화는 모히칸족 추장에 의해 길러진 영국계 백인 이주민의 아들 나다니엘(다니엘 데이 루이스)이 인디언과 함께 원치 않았던 영국 대 프랑스와의 전쟁에 내몰리면서 겪는 모험과 영국군 장군의 딸 코라와의 사랑을 담고 있다. 영화는 영국과 프랑스 간의 전쟁에 방점을 두기보단 영국, 프랑스의 눈치를 봐야 하는 이주민(민병대)의 처지와 피지배자인 모히칸족을 포함 원주민들 간의 알력과 대립을 담고 있다.

영국과 프랑스가 아메리카대륙을 놓고 식민지 전쟁이 한창이던 1757년, 영국 지배하에 사는 모히칸족의 마지막 추장 칭가치국과 그의 아들 언카스, 그리고 백인 양아들인 나다니엘은 영국의 민병대 모집을 거부하고 겨울을 나기 위해 켄터키로 가기로 한다. 한편 코라(매들린 스토우)와 그의 여동생 엘리스는 영국군 사령관인 아버지를 만나기 위해 가는 도중, 길 안내자 인디언 마구아의 배신으로 몰살 위기에 처하고 마침 사냥 중이던 나다니엘 일행의 도움으로 목숨을 구한다. 나다니엘은 코라와 앨리스를 아버지가 있는 헨리 요새로 데려다주기로 한다. 나다니엘 일행은 헨리 요새에 도착한다. 하지만 프랑스군의 막강한 화력 앞에 영국군이 곧 함락될 상태다. 하는 수 없이 영국군은 프랑스에 요새를 내주기로 하고 철수한다. 그러나 인디언 마구아는 영국군들은 다 죽여야 한다며 철수하는 영국군과 나다니엘 일행을 습격, 아버지를 살해한다. 마구아에게 체포된 코라 자매는 휴런족의 족장에게 끌려가고, 간신히 전투에서 살아남은 나다니엘 일행은 코라 자매 구출에 나선다.

영화는 광활한 자연 속에 우거진 원시림과 긴박하면서도 사실적인 전투 장면이 인상적이다. 영화의 클라이맥스인 마지막 절벽 결투 장면은 긴박감을 한층 더 높여준다. 모히칸족 리더인 나다니엘과 코라의 러브 스토리가 애절하다. 특히 영화 전반부부터 엔딩까지 중요한 장면에 반복되는 웅장하고 비장미를 주는 트레버 존스 작곡의 메인 테마곡은 영화의 격(格)을 올려 주면서 긴 여운을 남게 한다.

감독은 미국 출신의 명장 마이클 만이다. 1826년에 원작 소설이 나온 이래 여러 차례 영화화된 이야기를 1992년 다시 영화로 제작했다. 원작은 미국 작가 쿠퍼가 쓴 『가죽 각반 이야기 (The Leather-Stocking Tales)』이다. 프렌치-인디언 전쟁, 프랑스 몽클람 장군 등 역사적인 배경과 실존 인물에, 픽션인 나다니엘과 코라 간의 러브 스토리를 입힌 셈이다.

영화는 18세기 영국과 프랑스 등 서구 열강 사이에서 원주민과 이주민의 수난사를 다뤘다. 유럽 제국주의에 때론 협조하고, 때론 저항하며 삶을 이어가는 이들의 생존방식이 눈물겹다. 인류 지리 역사학자 재레드 다이아몬드 교수가 말한 총과 쇠 등 무기를 가진 제국주의자들에게 약탈당하고 설 땅을 잃은 것이다.

영화 엔딩, 멀리 산 아래를 내려다보는 주인공 나다니엘, 코라와 나란히 선 모히칸 족장 칭가치국이 하는 말은 약소 종족의 아픔을 잘 대변한다.

"개척지는 해가 갈수록 인디언 숲을 밀어내며 넓어지고 있어. 언젠가는 모두 사라지겠지. 그때면 우리도 사라질 거야. 새로운 사람들이 오겠지. 일하고, 싸우고, 누군가는 우리가 한때 여기 살았단 것을 밝혀주겠지."

✕패트리어트 – 늪 속의 여우✕
The Patriot

감독 | 롤랜드 에머리히 출연 | 멜 깁슨, 히스 레저 2000년

**"자유를 위해 싸울 수 있다는 것도 축복이란 생각이 들어.
죽음이 두렵긴 하지만 매일 용기를 달라고 기도해. 목숨까지 바칠 수 있는
용기 말이야."**

가브리엘이 전쟁터에서 연인 앤에게 쓴 편지.

미 독립전쟁의 신출귀몰한 영웅

미국 독립전쟁(1775~1783년)은 영국이 식민지 미국에 발포한 인지세법에 반대하며 북아메리카의 13개 주가 영국에 대항한 전쟁이다. 프랑스와의 전쟁으로 재정이 어려워진 영국이 세입 증대를 위해 미국 내의 상업 및 법률 서류, 신문, 팸플릿, 카드 등에 직접세를 부과하려 한 것이 발단이다. 미국은 조지 워싱턴을 총사령관으로 추대, 1776년 독립선언서를 발표하고 영국과 싸웠다. 8년간의 공방전 끝에 결국 미국은 1783년 파리 조약을 통해 독립하게 된다.

미국 독립전쟁 중 남부 전선에서도 많은 전투가 벌어졌

는데, 1781년 사우스캐롤라이나의 카우펜스 전투(Battle of Cowpens)도 그중 하나다. 이 전투의 승리로 미국은 영국에 빼앗겼던 사우스캐롤라이나를 다시 찾아오는데 결정적인 전기를 마련했다. 당시 대륙 군의 모건 장군이 펼친 전술은 미국 독립전쟁 중의 전술적 걸작으로 평가받고 있다. 영국군과의 맞대결을 피하고 아군의 병역을 분산시켜 공격해 훈련이 덜 된 민병대로 영국의 정규군에 크게 이긴 것이다.

영화 〈패트리어트–늪 속의 여우〉는 미국 독립전쟁에 참전했던 민병대의 활약을 그리고 있다. 식민지 국민이 전쟁 한 복판에서 겪는 가족 수난사이기도 하다. 영화 제목 '패트리어트(The Patriot 애국자)'가 시사하듯 영화 전편에 애국적이고 감동적인 장면이 적지 않으며, 부제 '늪 속의 여우'에서 알 수 있듯이 가족과 나라를 지키는 주인공의 활약상이 신출귀몰하다.

영화는 가족을 보살펴야 한다는 이유로, 영국과 싸우지 않겠다는 주인공 벤자민(멜 깁슨)이 아들을 잃고는 독립을 위해 총을 들고 싸운다는 데에 초점이 맞춰 있다. 사실 그는 한때 영국과 프랑스의 식민지 전쟁(프렌치–인디언 전쟁)에서 '늪 속의 여우'라고 불리며 프랑스군과 인디언들을 공포로 몰아넣었던 전설적인 전쟁영웅이었다. 하지만 이제 피로 얼룩진 과거를 뒤로하고 가족만을 위해 살기로 다짐한 것이다.

때는 미국 독립전쟁 초기인 1776년, 벤자민은 아내를 잃고

7명의 자녀들과 함께 미 동남부 사우스캐롤라이나의 한 농가에 살고 있다. 영국군의 침략이 거세지자 이웃들은 참전의사를 밝히며 속속 모여든다. 하지만 벤자민은 가족을 지키겠다며 참전을 거부한다. 그러나 큰아들 가브리엘(히스 레저)은 벤자민의 반대에도 불구하고 입대한다. 얼마 후, 가브리엘이 중상을 입은 몸으로 집안으로 숨어들고 이어 집에 들이닥친 영국군에 의해 동생이 살해된다. 이에 격분한 벤자민은 이웃과 민병대를 결성하고 영국군을 공격한다. 다시 신출귀몰해 잡을 수 없는 '늪 속의 여우'가 된 벤자민의 활약에 분노한 영국군은 마을주민 전부를 교회 안에 가두고서 불을 지르고, 이에 분노한 아들 가브리엘이 영국군을 기습하지만 전사한다. 두 아들을 잃자 모든 것을 포기하고 고향으로 가려는 벤자민의 눈에 꽂히는 아들 가방 속 빛바랜 성조기. 벤자민은 다시 격전지 카우펜스로 향한다.

영화에는 감동적인 장면이 여러 번 나오는데, 자포자기 심정으로 전사한 아들을 묻고 돌아선 벤자민이 아들이 간직하고 있던 성조기를 발견하곤 마음을 바꿔 성조기를 휘날리며 다시 전쟁터에 가는 장면이 인상적이다. 성조기로 시작해 성조기로 끝난다는 미국 영화 중에서도 성조기를 가장 극적으로 사용한 경우가 아닌가 싶다. 가족을 잃고 절망에 빠진 주인공이 다시 나라를 독립시키려고 몸을 던지는 가슴 뭉클한 장면이다.

이 장면보다 앞선 장면에서, 둘째 아들이 죽고 주인공과 아들 간의 논쟁도 감동적이다. 아버지는 다시 귀대하려는 아들을 저지하며 "너의 임무는 여기서 가족을 지키는 것이다"라고 하자 아들은 "(군대로) 돌아갈 거예요. 그게 군인의 의무죠"라고 맞선다. 군인으로서의 의무와 가족의 임무가 상충하는 가슴 아픈 장면이다.

영화는 18세기 말을 배경으로 하고 있어 당시 전투 방식과 총기를 보는 것도 이색적인 볼거리다. 넓은 들판에서 미 대륙군과 영국군 간의 벌이는 전투장면은 볼만하다. 하지만 1분에 2발 정도 나가고 사격 후엔 꽂을대로 총구를 뚫어줘야 하는, 게다가 명중률도 형편없는 머스킷(Musket) 총을 들고 전투하는 모습은 격세지감이 든다.

영화의 주인공은 미국 독립 전쟁 당시 '늪 속의 여우'란 별명을 가진 실존인물 프랜시스 매리언 장군이고, 잔인한 영국 장교로 묘사된 타빙튼 역시 실존 인물 배니스터 탈레톤 장군이다. 영화 개봉 당시 일부 영국 역사학자들은 "영국인은 악당이고 멜 깁슨은 영웅으로 미화했다"고 비판했다. 전쟁 등 실제 역사사건을 다룬 영화는 종종 보는 입장(국가)에 따라 다르게 볼 수밖에 없다. 당시 18세기는 영국과 프랑스, 스페인 등 제국들의 피아(彼我)가 국익과 이해관계에 따라 자주 바뀌었고, 원주민 입장에선 다 가해자였다. 이 영화 역시 미국의 입장에서 독립을 쟁취하려는 전쟁영화로 이해하면 될 듯하다.

✕ 레미제라블 Les Miserables ✕

감독 | 톰 후퍼 출연 | 휴 잭맨, 앤 해서웨이, 러셀 크로우 2012년

"민중의 노래가 들리는가? 분노에 찬 사람들의 외침이.
다시는 노예가 되지 않겠다는 민중들의 다짐이다.
그대 심장의 박동이 드럼을 두드리며 울릴 때.
내일과 함께 시작되는 새 삶이 도래하리라!"

혁명가 앙졸라가 시민들의 외면으로 떠날 사람은 떠나라고 했을 때
꼬마 혁명가 가브로쉬가 부른 노래.

혁명도 빵은 해결 못했다

미 신대륙의 독립, 국민의 권리를 강조한 계몽사상가 루소의 주장, 루이 16세의 사치스러운 생활, 영국과의 식민지 전쟁으로 재정 악화 등이 원인이 돼 1789년 프랑스 대혁명이 일어났다. 이어 1792년 왕정을 폐지하고 역사적인 공화국을 수립했다. 하지만 여전히 나라는 혼란스러웠다. 이 혼란스러운 정국을 안정시킨 인물이 1799년 나폴레옹이다. 그는 쿠데타를 일으켜 "혁명은 끝났다"라고 선언했다. 이듬해 알프스산맥을 넘어 이탈리아를 공격했고, 법전과 교육 및 군제를 개혁해 국민의 지지를 얻어 황제에 올라 제정시대를 열었다(1804년). 나라를 안

프랑스 혁명의 출발을 알린 바스티유 감옥 습격 사건
장 피에르 우엘, 〈바스티유의 습격〉, 1789년.

정시키고 전쟁을 통해 영토를 넓혀 프랑스의 자존심을 높였다. 하지만 러시아 원정의 실패 등으로 1815년 나폴레옹 1세가 몰락하고 프랑스는 다시 절대왕정으로 복귀했다. 이후 1830년 7월 혁명이 나고 입헌군주제가 됐으나, 부르주아계급의 세상이 되면서 평민들은 여전히 불만이 높았다. 그러자 1832년 다시 6월 봉기가 일어났다. 대혁명, 7월 혁명에 이어 3번째 혁명인 셈이다. 공화정으로의 회복을 바라던 급진 혁명세력은 라마르크 장군(Lamarque, 1770~1832년)의 장례식을 기점으로 시

영화 〈레미제라블〉   출처 · UPI 코리아

위했다(라마르크 장군은 공화주의를 대표하는 군인으로 나폴레
옹 전쟁 기간 프랑스 지휘관으로 나중에 프랑스 의회의 일원이
된다). 이것이 빅토르 위고의 소설을 영화화한 〈레미제라블〉의
후반부 바리케이드 전투의 배경이다. 그러나 이 6월 봉기 역시
실패했다.

영화 〈레미제라블〉은 1800년대 초반부터 1832년 6월 봉기
까지가 배경이다. 대혁명을 치렀지만, 평민의 삶은 빵 한 개를

구하기 힘들 정도로 여전히 비참했던 시절 이야기다. 뮤지컬 형식으로 만들어진 영화는 주인공 장발장의 굴곡진 삶을 통해 빅토르 위고 원작 소설이 가진 박애 정신을 노래와 뛰어난 영상으로 표현했다. 자유와 평등이란 메시지도 잘 드러내고 있다.

영화는 배고픈 조카들을 위해 한 조각 빵을 훔친 죄로 19년간 감옥살이를 한 장발장(휴 잭맨)이 출소하면서 시작한다. 전과자란 문전박대 속에 하룻밤을 재워 준 성당서 촛대를 훔쳐 나오다 다시 붙잡힌 장발장은 뜻밖에 신부의 구원을 받고 새 삶을 결심한다.

정체를 숨기고 새 이름 '마들렌'이라는 인심 좋은 사업가로 변신한 장발장은 거리의 여인으로 전락한 판틴(앤 해서웨이)의 딸 코제트(아만다 사이프리드)를 양녀로 삼는다. 하지만 집요하게 추적해 오는 자베르 경감(러셀 크로우)을 피해 장발장은 코제트를 데리고 파리로 도피한다. 세월이 흘러 코제트는 성장해 귀족 청년 마리우스와 연인 사이가 된다. 신분 노출이 염려된 장발장은 다시 코제트와 함께 숨고, 혁명가가 된 마리우스는 코제트를 찾아 나선다. 그 무렵 6월 봉기가 일어나고 장발장은 시위대에 가담해 다친 마리우스를 구출, 코제트와 결혼하게 하고 숨을 거둔다.

영화는 프랑스 대혁명에서 6월 봉기로 이어지는 격변의 시대를 사는 불쌍한 사람들(레미제라블)을 구원하려는 장발장의 이타적인 삶을 보여준다. 이런 조건 없는 사랑과 헌신은 자신의 이익에 급급한 테나르디에 부부, 과격한 이상주의자 마리우스의 사랑과는 대조를 이룬다. 왕정에서 공화정으로, 다시 왕정으로 그리고 혁명으로 이어지는 사회 혼란 속에서 가난한 사람들에게 '빵'을 나눠주려는 후덕한 기업인으로의 장발장의 모습이 감동을 준다. 경관으로서 자신의 신념을 잃지 않고 끝까지 임무를 완수하려 하지만 그것이 독이 돼, 자살을 선택하는 자베르 경감의 죽음 또한 많은 것을 생각하게 한다.

영화는 산업혁명도 배경으로 하고 있다. 고전 경제학자 애덤 스미스(Adam Smith, 1723~1790년)가 "국가 발전은 국가가 관여하는 것이 아니라 이익을 추구하려는 개인의 보이지 않는 손에 의해 나라가 부강해진다"는 이론을 발표한 시기도 이 무렵이다. 빵을 훔쳐 감옥살이를 한 장발장이 민중들에게 '빵'을 나눠 주려 사업가를 변신한 것은 당시 기업의 사회적인 책무를 다하려는 공익적인 행위로 볼 수 있다. 영화 속 장발장이 자신의 공장에서 해고된 판틴의 사연을 알고 그의 딸 코제트를 양녀로 삼아 평생 보살피는 것도 같은 맥락이다.

영국 출신의 톰 후퍼 감독이 연출한 영화는 휴 잭맨, 앤 해서웨이, 러셀 크로우 등 스타급 연기자들이 출연, 노래도 직접 불러 작품성과 상업성 모두에서 좋은 평가를 받았다. '하루만 더(One day more)' '난 꿈을 꿔요(I dreamed a dream)' '백성의 노래가 들리는가?(Do you here the people sing?)' 등 명곡들이 많다.

영화의 시대 배경은 '전쟁의 신' 나폴레옹 1세(1769~1821년) 시대와 상당 부분 겹친다. 특히 나폴레옹의 황제 기간(재위 1804~1815년), 다른 유럽국가와 전쟁을 벌였던 시기다. '나폴레옹 전쟁'이라고 불리는 이 싸움에서 나폴레옹은 국가와 국민이 총력을 쏟는 '전시국가' 전쟁을 했다. 『전쟁론』을 쓴 군사 사상가 클라우제비츠는 "나폴레옹은 국민들을 애국심으로 뭉치게 해 전쟁에서 이길 수 있었다"고 주장했다. 나폴레옹은 유럽 전역에서 스페인, 오스트리아, 이탈리아 등의 나라와 60회 이상 싸웠으며 나폴레옹의 공격이 두려운 유럽 제국은 영국을 중심으로 대(對) 프랑스동맹을 결성, 항전했다.

결과적으로 나폴레옹전쟁은 프랑스혁명에서 탄생한 자유, 민주주의를 유럽에 전파하는 데 일조했고 구(舊)제도 폐지와 자유·평등·박애 사상을 이식했다. 유럽 전역에 자유주의와 민족주의가 싹트게 한 것이다.

✕ 바람과 함께 사라지다 ✕
Gone With The Wind

감독 | 빅터 플레밍 출연 | 비비안 리, 클락 게이블, 레슬리 하워드 1939년

"내일은 내일의 태양이 뜰 거야!"

떠난 남편 레트를 다시 찾겠다며 하는 스칼렛의 독백.

미 남북전쟁 패자, 남부의 진혼곡

미국 남북전쟁(American Civil War, 1861~1865년)에서 남군은 북군에게 패배했다. 1863년 펜실베이니아주 게티즈버그에서 벌어진 게티즈버그 전투를 기점으로 남군은 수세를 면치 못했다. 같은 해 링컨이 노예해방을 선언, 전쟁의 명분을 유리하게 가지고 가면서 전세는 더욱 불리해졌다.

1864년 3월 링컨은 서부에서 싸우고 있던 율리시스 그랜트를 동쪽으로 불러 포토맥 전선 사령관으로 임명했고, 또 다른 남쪽 전선을 맡고 있던 윌리엄 셔먼의 북군도 계속 남쪽으로 진격해, 같은 해 9월에는 조지아의 애틀랜타를 점령했다. 이후 그

영화 〈바람과 함께 사라지다〉에서 엿볼 수 있는 남북전쟁 이전 남부 양식의 고풍스러운 저택

랜트의 북군은 버지니아 해안에서부터 리 장군의 남군을 밀어붙였고, 결국 리 장군은 정식으로 항복했다. 거의 같은 시간에 사우스캐롤라이나의 그린즈버러에선 남군의 존스턴 장군도 북군에 항복했다. 전쟁은 북부 승리로 끝났다.

역사가 승자의 기록인 것과는 달리, 패자인 남부 입장에서 남북전쟁을 그린 영화가 〈바람과 함께 사라지다〉이다. 같은 이름의 마거릿 미첼 소설이 원작인 영화는 미국 남북전쟁을 배경으로 조지아주의 부유한 농장주 딸로 자란 스칼렛이 패전의 고통을 겪지만, 온갖 수단과 방법으로 전력을 다해 살길을 개척해 간다는 이야기다. 영화 제목에서 남북전쟁으로 사라진 미국 남부의 전통과 정서, 문화를 안타까워하는 작품 의도를 엿볼 수 있는데, '그곳은 신사도와 목화밭으로 상징되는 곳이었다. 기사도가 살아 있는 마지막 땅으로, 용감한 기사와 우아한 숙녀, 그리고 지주와 노예가 함께 존재하는… 꿈처럼 기억되는 과거가 오늘로 살아 있는 곳. 문명은 바람과 함께 사라지는 것일까?'라며 영화 도입부에 적고 있다.

영화는 대농장 타라를 소유한 오하라 가문의 장녀 스칼렛 (비비안 리)을 중심으로 전개된다. 스칼렛은 이웃 청년 애슐리(레슬리 하워드)에게 청혼하지만 거절을 당하자 홧김에 멜라니의 오빠 찰스와 결혼한다. 이즈음 무역으로 많은 돈을 번 레트(클라 게이블)가 스칼렛에 접근해 온다. 애슐리는 멜라니와 결혼하고 전선으로 간다. 하지만 같이 입대한 찰스가 사망하자 과부가 된 스칼렛은 애틀랜타로 가서 멜라니 가족과 함께 지낸다. 전황은 남군에게 불리해지고 애틀랜타도 북군에 포위된다. 스칼렛은 레트에게 도움을 청해 멜라니와 함께 구사일생으로 타라까지 피신한다. 하지만 북군이 휩쓸고 간 타라 역시 황무지로 변해 있었다.

남군은 패배하고 애슐리도 타라로 돌아온다. 이후 스칼렛은 농장에 매겨진 세금을 마련하기 위해 사업가인 동생의 약혼자 프랭크를 가로채 결혼하고, 재산을 모으기 시작한다. 사업을 확대해가던 스칼렛이 흑인들에게 성추행을 당하자 프랭크는 복수하러 가지만 오히려 살해된다. 또다시 과부가 된 스칼렛은 레트의 오랜 구애를 받아들여 결혼한다. 하지만 딸의 죽음, 애슐리에 대한 미련 등을 눈치챈 레트는 배신감을 느끼고 그녀를 떠나기로 한다. 뒤늦게 자신을 진심으로 사랑했던 사람이 레트라는 사실을 안 스칼렛은 그를 붙잡으려 하지만 레트는 끝내 떠난다. 슬픔에 젖어 있던 스칼렛은 타라로 돌아가 레트를 찾겠다고 다짐한다.

영화는 남북전쟁에서 패배한 남부 사람들이 겪는 고통과 경제적인 어려움, 북부에 대한 적대감 등을 드러내고 있다. 전쟁 기간 여성으로 받아야 하는 전쟁의 공포와 사회 불안도 담고 있다. 대농장을 맡을 수밖에 없었던 스칼렛은 북부 사람들의 비위를 맞춰서라도 농장을 다시 일으켜 세워야 하며, 농장 침입자를 대비해 항시 총을 소지하고 있어야 한다. 전쟁 기간엔 다친 남군들을 간호해야 했다.

스칼렛은 '바람과 함께 사라진' 남부 과거에 연연하지 않는다. 전쟁 때문에 첫 남편을 잃은 상중일 때도 전쟁 후원금 마련 행사장에서 레트와 춤을 춘다. 두 번째 남편과 사별했을 때도 별 고민 없이 레트와 재혼한다. 스칼렛은 남부의 가치와 명분에 대해서도 집착하지 않는다. 하지만 고향인 타라 농장을 지키기 위해선 북부 사람들과 손을 잡는 것도 서슴지 않는다.

영화 끝부분, 남편 레트를 떠나보내고 스칼렛은 "내일은 내일의 태양이 뜰 거야(Tomorrow is another day)"라며 삶에 대한 강한 의지를 보인다. 과거에 집착하지 않고 앞으로 나아가는 여성의 모습을 보여주는 것이다. 그래서 영화는 한 여자의 성장 드라마로 읽힌다.

애초 원작가 마거릿 미첼은 소설의 제목을 스칼렛의 마지막 대사 '내일은 내일의 태양이 뜰 거야'로 하길 원했지만 출판사는 어니스트 다우슨의 시구인 '바람과 함께 사라지다'로 채택했다고 한다.

장장 3시간 42분간 상영되는 영화는 역사상 가장 유명한 영화이자 가장 성공적인 영화로 꼽힌다. 감독은 〈오즈의 마법사 (The Wizard of Oz)〉를 연출한 빅터 플레밍이고, 제작은 당시 할리우드 실력자 데이비드 셀즈닉이다. 1957년 3월 국내 첫 개봉 했다.

영화는 지나친 남부 중심주의적인 시각으로 노예제를 정당화했다는 비난을 받기도 했다. 극 중 흑인 노예들의 묘사를 두고 여러 도시에서 시위가 일어나기도 했다. 스칼렛 집안의 흑인 하인인 매미는 스칼렛에 너무 순종적이고, 남자 노예 빅 샘도 노예 생활을 즐기는 듯하다는 지적들이다.

✕늦대와 춤을✕
Dances With Wolves

감독 | 케빈 코스트너 출연 | 케빈 코스트너 1990년

**"늑대와 춤을! 머리 속 바람이다.
난 너의 친구다! 너도 항상 내 친구인가?"**

영화 말미, 인디언 청년 '머리 속 바람'이 이별하는 주인공 '늑대와 춤을'에게 외치는 말.

인디언은 고향에서조차 춤출 수 없었다

미국 남북전쟁(American Civil War, 1861~1865년)은 남
북 간의 내전이었다. 비슷한 시기 서부에선 연방정부와 인디언
이 싸운 인디언 전쟁(American Indian wars)이 있었다. 영국
과 프랑스 등 유럽 열강을 물리친 미국이 스스로 제국이 돼 원
주민과 전쟁을 한 것이다. 5년 남짓의 남북전쟁과 달리, 미국
인디언 전쟁은 아메리카 전역에서 300년 가까이 싸우다 1890
년 '운디드 니 전투(Battle of Wounded Knee, 1890년 12월
29일)'를 끝으로 막을 내렸다. 북군 입장에선 내전과 인디언 전
쟁, 두 개의 전쟁을 치른 셈이다.

인디언 전쟁은 작은 전쟁의 연속이었는데 싸움은 남미 등 다른 지역과 마찬가지로 일방적이거나 살육전에 가까웠다. 총으로 무장한 훈련된 군인들과 석기시대 돌도끼를 든 원시인 간의 싸움이었다. 당연히 총기를 소유한 측이 승리했다. 인디언들은 삶의 터전을 백인들에게 내주고 어디론가 떠나야 했다.

영화 〈늑대와 춤을〉은 1863년 남북전쟁 정점에서 서부를 배경으로 인디언의 몰락과정을 보여준다. 전쟁 도중 서부로 자원한 한 북군 장교가 서부의 자연과 교감하면서 차츰 인디언이 돼 가는 과정을 통해 인디언 전쟁을 비판하고 있다. 북군 중위 존 던버가 인디언(늑대와 춤을)으로 변해가는 여정이기도 하다. 영화는 '늑대와 춤을'을 포함해 '주먹 쥐고 일어서' '발로 차는 새' '머릿속 바람' '열 마리 곰' '헤픈 웃음' 등 인디언식 이름에서 알 수 있듯이 백인보다 인디언들과 늑대, 말, 버팔로와 광활한 미국 서부의 자연이 주인공이다.

영화는 1863년, 테네시주의 성 데이비드 평원 전투에서 존 던버 중위(케빈 코스트너)가 남북병사가 대치한 전선 한 가운데를 말 타고 달리는 돌발적인 행동으로 졸지에 전쟁영웅이 돼 서부 국경지대로 자원해 가는 데서 시작한다. 그가 오지를 선택한 이유는 "그 국경이 머지않아 사라질 것이므로, 그전에 가서 살고 싶기 때문"이다.

던버는 황량한 통나무집에서 혼자 지낸다. 후속 부대인 기병대를 기다리지만 감감무소식이다. 그에게 유일한 벗은 타고

간 말과 가끔 나타나는 늑대 한 마리. 그러던 어느 날, 수우족 인디언이 말을 도둑질해가지만 말은 다시 되돌아온다. 던버는 인디언들을 찾아가기로 한다. 가는 도중, 다친 백인여자 '주먹 쥐고 일어서'를 발견하고 인디언 마을에 데려다준다. 어릴 때 인디언에 납치된 여자다. 던버는 차츰 백인 여자 '주먹 쥐고 일어서'의 통역으로 인디언의 언어를 배우면서 '늑대와 춤을'이 돼 간다. 수우족의 가족이 된 것이다. 하지만 행복한 시간도 잠시, 호전적인 포니(Pawnee)족을 물리친 던버와 수우족은 백인들의 공격이 임박했음을 예감한다.

영화는 자연 친화적이다. 푸른 하늘 아래 드넓은 평원, 숲속 사이를 흐르는 강, 우거진 나무들, 밤하늘에 빛나는 별들, 늑대, 말 그리고 버팔로 대이동이 화면 전체를 채운다. 평원을 수백 마리의 버팔로가 떼 지어 달려가는 모습이 압권이다. 그림 같은 서부의 풍광이 장관이다. 3시간이 넘는 영화엔 인물 간의 대사보단 서부의 자연을 담은 그림 같은 화면이 더 많다. 등장 인물들도 영어보단 인디언어를 훨씬 많이 구사한다.

영화는 '백인은 선, 인디언은 악'이라는 서부극 등식을 바꾼다. 오히려 백인의 침략을 비판하고 있다. 족장인 '열 마리 곰'은 옛날 포르투갈 군인들이 쓰던 투구를 꺼내 보이며 "나의 할아버지의 할아버지 때도 백인들은 우릴 공격해왔다. 그때도 우린 용감하게 싸워 그들을 물리쳤다. 그러나 백인들은 허락 없이 끝없이 침략해 왔다"라며 제국주의를 비판한다. 영화에는 백인과 인디언 전투 말고도 인디언 간의 전투장면이 나오는데 주인공 '늑대와 춤을'이 속한 수우족과 포니족 싸움에서 예상 밖에 수우족이 승리한다. 수우족이 '늑대와 춤을'이 제공한 총을 가졌기 때문이다. 여러 인디언 족 중 수우족은 평화적인 종족이지만 포니족은 약탈을 일삼는 포악한 종족으로 알려져 있다.

감독과 주연을 맡은 케빈 코스트너는 〈JFK〉〈꿈의 구장〉〈언터처블〉〈보디가드〉에서 주연을 한 미국의 대표적인 배우다. 독일, 아일랜드인계인 그는 실제 인디언 체로키족의 후손이기도 하다.

영화 말미, 산등선에 오른 수우족의 가장 용감한 청년 '머릿속 바람'은 산속 깊이 떠나가는 던버에게 외친다. "늑대와 춤을! 머릿속 바람이다. 난 너의 친구다! 너도 항상 내 친구인가?" 하지만 '늑대와 춤을'(던버)은 대답하지 못한다. 던버 본인은 이미 오래전에 친구가 됐지만 다른 백인들은 그렇지 않다는 걸 너무나 잘 알고 있기 때문이다. 영화는 '13년 후, 수우족의 마을은 폐허가 됐고, 그들의 버팔로도 사라졌다. 마지막 수우족은 네브래스카 로빈슨 요새에서 백인에게 항복했다. 평원의 위대한 기마민족은 없어졌고, 서부는 소리 없이 역사 속으로 묻혀갔다'라는 말로 끝이 난다.

3장

1, 2차 대전

파시즘의 광기

1, 2차 대전 - 파시즘의 광기

⟨아라비아의 로렌스⟩ 아랍인이 되고픈 영국인 로렌스의 꿈과 좌절

⟨닥터 지바고⟩ 볼셰비키 혁명 속, 인텔리겐치아의 고통과 사랑

⟨인생은 아름다워⟩ 나치의 광기를 전쟁놀이로 바꾼 아버지의 사랑

⟨쉰들러 리스트⟩ 죽음을 생명으로 바꾼 아름다운 명단

⟨덩케르크⟩ 노르망디 상륙작전을 능가하는 처칠의 철수작전

⟨진주만⟩ 잠자는 미국을 깨운 일제의 가미카제

⟨특전 유보트⟩ 독일 잠수함의 흥망사

⟨에너미 앳 더 게이트⟩ 스탈린그라드 전투 속, 스나이퍼의 대결

⟨콰이강의 다리⟩ 교량건설을 놓고 벌이는 또 다른 미·영·일 간의 전쟁

⟨이미테이션 게임⟩ 난 후방에서 퍼즐만 풀었을 뿐이다

⟨라이언 일병 구하기⟩ 국가의 정의는 공리주의보다 앞선다

⟨작전명 발키리⟩ 히틀러를 암살하라

⟨퓨리⟩ 나치의 광기와 맞선 마지막 '예수'의 탱크

⟨소피의 선택⟩ 자식 잃은 아픔은 결국 엄마를 죽게 한다

"우리는 해변에서 싸울 것이고, 상륙지점에서도 싸울 것이고, 들판에서도 싸울 것이고, 길에서도 싸울 것이고, 언덕에서도 싸울 것입니다. 우리는 절대 항복하지 않을 것입니다."

- 영화 <덩케르크>에서 열차 안, 토미가 알렉스에게 읽어주는 처칠 연설문.

1914년 6월 유럽 동쪽 사라예보에서 울린 한 발의 총성은 유럽 전체를 전쟁의 소용돌이로 몰아넣었다. 오스트리아의 황태자 부부가 암살당한 사라예보 사건으로 1차 대전(1914~1918년)이 시작된 것이다. 5년 동안 영국 · 프랑스 · 러시아 등 연합국과 독일 · 오스트리아 · 이탈리아의 동맹국이 싸웠고 나중에 미국, 오스만제국 등이 합류하면서 세계 전쟁이 됐다. 미국의 참전(1917년)은 독일 잠수함이 미국 등 중립국 함선까지 격침한 것이 원인이었다. 발칸반도의 주도권을 놓고 게르만계와 슬라브계가 충돌한 것인데 배경은 유럽 제국주의자들의 영토 확장에 따른 식민지 쟁탈이다. 하지만 러시아는 1917년 2월 혁명과 레닌이 주도한 10월 혁명이 성공한 뒤, 소비에트 연방정부(소련)를 수립하고는 독일과 단독 강화 조약을 맺고 이 전쟁에서 빠졌다.

같은 시기, 중동의 전쟁 양상은 1400년 전부터 내려온 뿌리 깊은 아랍 종족 간의 갈등을 이용하려는 영국, 프랑스, 오스만제국 등 유럽 제국주의 야욕이 겹치면서 복잡했다. 1차 대전 이후 중동 대부분은 영국과 프랑스의 수중에 놓이게 된다.

영화 〈닥터 지바고〉와 〈아라비아의 로렌스〉는 둘 다 1차 대전을 배경으로 하는데 〈닥터 지바고〉는 러시아혁명과 내전(1918~1922년)을, 〈아라비아의 로렌스〉는 중동 내에서 영국의 지원을 받는 아랍과 오스만제국 간의 전쟁을 그렸다. 두 영화는 영국 출신의 거장, 데이비드 린이 감독이다.

1차 대전이 끝나고 영국 · 프랑스 등 승전국은 패전국 독일에 엄청난 전쟁 배상금을 요구해 독일의 경제위기를 초래했다. 게다가 세계공황(1929~1933년)은 독일 재건을 더욱 어렵게 했다. 급기야 독일은 1933년 베르사유 체제 타파를 외친 히틀러가 정권을 장악하고 재무장하는 길을 선택하기에 이른다.

1939년 9월 1일, 독일은 폴란드 침공을 시작으로 2차 대전(1939~1945년)을 일으켰다. 이 전쟁에서 미국 · 소련 · 영국 · 프랑스 등 20개국과 독일 · 이탈리아 · 일본 등 9개국이 싸워 미국 · 영국 등 연합국이 승리했다. 7년간 서부, 동부전선으로 나누어 수많은 전투를 벌여 세계 전쟁사에서 최악의 많은 희생자를 냈다. 군인 전사자만 5,000만 명에 이른다.

이 기간 최악의 비극이 유대인 대학살 홀로코스트(Holocaust)다. 극치의 전쟁 광기다. 나치 정권 12년(1933~45

년) 동안 단지 유대인이란 이유로, 하나의 민족을 말살하려 했다. 대표적인 대량학살 수용소가 아우슈비츠였다. 유대인들의 사회적 권리를 박탈하고, 재산을 몰수했으며, 강제수용소에 가둬 넣고 강제노역에 동원하거나 가스로 죽였다. 사망한 유대인만 575만여 명이다. 로베르토 베니니 감독의 영화 〈인생은 아름다워〉와 스티븐 스필버그 감독의 〈쉰들러 리스트〉는 각각 홀로코스트를 주제로 했다.

초반 전세는 연합국이 불리했다. 1940년 5월 영국은 독일 기갑부대에 쫓겨 프랑스 한쪽 덩케르크 해안에 갇혀 오도 가도 못 하는 신세가 됐다. 그 반전의 계기가 된 것이 처칠 수상의 다이너모 철수작전(Operation Dynamo)이다. 프랑스 덩케르크 해안에서 독일군에 포위된 40여만 명의 영국군과 연합군의 철수작전을 다룬 영화가 크리스토퍼 놀란 감독의 〈덩케르크〉다.

독일 편에 선 일본은 대동아공영권(大東亞共榮圈)을 내세우며 1931년 만주, 중국, 동남아를 침략했다. 하지만 중일전쟁이 예상 밖으로 장기전이 되면서 전쟁물자가 필요한 일본은 목재와 석유가 많은 인도차이나를 공격했다. 영화 데이비드 린 감독의 〈콰이강의 다리〉는 버마(현재 미얀마) 포로수용소를 배경으로 일본에 대항하는 영국군과 미군의 활약상을 그렸다. 이어 일본은 하와이 진주만을 공습했다. 유럽전선에서의 동맹국 독일의 선전, 중일 전쟁의 경험에 따른 자신감, 미국의 참전 시 지리적 불리함을 간파한 일본 군부가 미국을 공격한 것이다. 잠자는 사자를 건드린 격이 됐다. 이로써 미국은 2차 대전 참전의 명분을 얻었다. 마이클 베이 감독의 영화 〈진주만〉은 미국과 일본이 싸운 태평양 전쟁을 그렸다.

1차 대전에 이어 2차 대전서도 독일 잠수함의 활약은 대단했다. 독일 입장서 2차 대전을 그린 독일 출신 볼프강 페터젠 감독의 영화 〈특전 유보트〉에선 잠수함 수세(守勢) 때의 모습을 담고 있지만 모튼 틸덤 감독의 영화 〈이미테이션 게임〉에선 독일군 잠수함의 위력에 속수무책으로 당하는 연합국의 심각성을 보여준다.

승승장구하던 히틀러도 나폴레옹과 마찬가지로 소련의 강추위에 무릎을 꿇었다. 독일은 영국과 소련을 동시에 상대하면서 전선을 서부에서 동부까지 넓혀 패배를 자초했다. 스탈린그라드 전투(1942년 8월 21~1943년 2월 2일)는 2차 대전의 변곡점이 됐다. 이 전투에서만 독일군 약 40만 명이 희생됐다. 프랑스 장 자크 아노 감독의 영화 〈에너미 앳 더 게이트〉는 스탈린그라드 전투를 배경으로 독일과 소련 저격수 간의 대결을 다루고 있다.

1944년 6월 6일, 노르망디 상륙작전 이후, 전세는 연합국에 유리하게 전개됐다. 이 작전은 미국과 영국군을 포함 캐나다, 프랑스, 오스트레일리아, 폴란드, 노르웨이 등 8개국의 연합군이 독일이 점령하고 있던 프랑스 노르망디 해안에 상륙한 작전이다. 15만 6천 명의 연합군이 이 작전에 참전했다. 스티븐 스필버그 감독의 〈라이언 일병 구하기〉는 노르망디 상륙작전에 참전한 밀러 대위 일행이 프랑스 전선에서 싸우고 있는 라이언 일병을 구해 집으로 보낸다는 내용이다.

사실 독일은 전쟁 이전부터 군 내부 장교 중심으로 히틀러를 암살하려는 시도가 여러 차례 있었다. 브라이언 싱어 감독의 영화 〈작전명 발키리〉는 히틀러 암살 작전이 주 내용이다. 결국 암살은 실패했지만 그 배후로 지목받은 '사막의 여우'라 불리는 독일군의 영웅 롬멜이 자살하는 등 내부 갈등이 심각했다.

끝나지 않을 것 같은 전쟁도 끝이 보이기 시작했다. 노르망디 작전 이후 독일군은 모든 전선에서 패배했다. 1945년 3월, 연합군은 라인강을 건너 베를린을 향해 진격했고, 3월 말에는 소련군이 오스트리아 국경선을 넘었다. 데이비드 에이어 감독의 영화 〈퓨리〉는 전쟁 막바지를 배경으로 패망직전의 독일군을 상대로 치열한 공방전을 벌이는 미군 전차부대의 악전고투를 그렸다.

유럽 전체를 지배했던 나치는 이제 독일 본토조차 방어하지 못하고 단말마적인 최후의 항전을 이어갔다. 패배를 직감한 히틀러는 1945년 4월 30일 자살했고, 다음날 나치 선전가 괴벨스도 자살했다. 1945년 5월 8일, 독일이 항복하면서 5년 251일간의 전쟁이 끝났다.

전쟁은 끝나도 그 상흔은 오래 간다. 가족을 잃고 살아남은 자의 정신적인 고통과 상실감은 인성을 황폐화시키고 결국 죽음

에 이르게 한다. 앨런 J. 파큘라 감독의 〈소피의 선택〉은 2차 대
전 중 히틀러의 유대인 말살정책으로 부모, 남편, 자식을 잃은
여자가 1947년 미국에 이민 왔지만 끝내 죽음을 맞는다는 내용
이다. 유대인 집단수용소에서 어린 남매 중 하나만을 살릴 수 있
다는 '잔인한 선택'을 강요받은 어머니에 대한 이야기다.

1차 대전이 게르만 대(對) 슬라브 민족 간의 대결이라면, 2
차 대전은 1929년 세계적인 대공황을 거쳐 과잉 생산된 물질을
소비할 식민지 쟁탈전이었다. 이 같은 영토전쟁 외에 정치적인
이유로 헝가리, 불가리아, 루마니아는 소련의 공산주의를 반대
해 독일 편에 섰다.

1차 대전은 산업의 발달로 비행기, 탱크, 기관총, 독가스 등
많은 무기가 새로 등장했다. 군인과 민간인 포함 1,000만 명의
사상자를 냈다. 하지만 2차 대전은 30여 개국에 15억 명이 전
쟁에 휘말려 군인 및 민간인 사망자가 7,000만 명에 이른다.
그만큼 전쟁의 규모나 참혹함이 더했다. 전쟁의 광기에 전 세계
가 공포에 떤 것이다.

✖ 아라비아의 로렌스 ✖

Lawrence Of Arabia

감독 | 데이빗 린 출연 | 피터 오툴, 오마 샤리프 1962년

**"정해진 것은 없다.
운명은 개척해 나가는 것이다."**

죽음의 사막횡단 도중, 길을 잃은 부하를 혼자 구한 로렌스가 알리 족장에게 하는 말.
아랍도 통일할 수 있다는 것을 시사한 말이다.

아랍인이 되고픈 영국인 로렌스의 꿈과 좌절

1차 대전(1914~1918년)은 유럽 열강들의 식민지 쟁탈 전쟁이다. 영국은 카이로(Cairo)－케이프타운(Capetown)－콜카타(Calcutta)를 연결해 아프리카와 인도양을 확보하려 했고, 독일은 베를린(Berlin)－비잔티움(Byzantium)－바그다드(Baghdad)를 이어 소아시아와 중동지방을 장악하려 했다. 이른바 영국의 3C정책과 독일의 3B정책이 충돌한 전쟁이었다.

전쟁은 영국과 프랑스, 러시아 등 연합국 측이 승리했다. 영국의 3C정책이 승리한 셈이다. 영국과 프랑스는 러시아의 동의 아래 바로 중동 분할에 들어갔다. 사실 중동 영토 나누기를 위한 조치는 이미 사이크스-피코 협정(Sykes-Picot

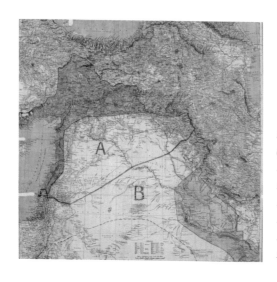

사이크스-피코 협정
(1916)
-블루존: 프랑스 직
접통치
-A존: 프랑스 세력권
-B존: 영국 세력권
-레드존: 영국 직접
통치

Agreement, 1916. 5. 9)부터 시작됐다. 패전국 오스만투르크
(터키)제국을 분할할 때 투르크의 영토였던 시리아·이라크·
레바논·팔레스타인을 프랑스와 영국, 두 나라가 분할, 지배한
다는 것이다. 중동 전쟁의 시작인 셈이다.

영화 〈아라비아의 로렌스〉는 20세기 초 유럽 열강의 제국
주의로 인한 아랍 분쟁의 역사를 그대로 보여준다. 수에즈 운하
의 지배권을 두고 영국과 터키군이 대치한 상황에서 영국 로렌
스 중위가 아랍 부족과 연합해 터키군과 싸운다는 내용이다.

1차 대전, 영국과 터키가 적국일 때 영국 육군정보부 아랍국
(局) 소속 로렌스(피터 오툴)는 아랍 부족 지도자이며 독립군의
지휘자 파이샬 왕자(알렉 기네스)를 만나기 위해 아랍지역으로

토머스 에드워드 로렌스와
영화 〈아라비아의 로렌스〉 포스터

파견된다. 당시 아랍은 터키에 대항하고 있지만 사분오열된 상
태. 로렌스는 가는 도중 알리 족장(오마 샤리프)을 만난다. 하리
스 부족인 알리 족장은 다른 부족인 로렌스의 안내인을 자신의
우물물을 마셨다는 이유로 사살한다. 이에 격분한 로렌스는 "아
랍 부족끼리 서로 싸우는 한 힘을 키우지 못할 것이다"라고 뼈
있는 한마디를 한다. 아랍 부족 간의 반목을 비판한 것이다.

파이샬 왕자를 만난 로렌스는 수에즈 운하의 주요 통로인
아카바를 습격할 것을 제안하고 알리 족장과 아카바로 향한다.
죽음의 사막을 횡단하던 도중, 로렌스는 길을 잃고 뒤처진 부하
를 되돌아가서 구해온다. 그러면서 그는 알리 족장에게 "정해진
것은 없다. 운명은 개척해 나가는 것"이라며 아랍도 통일할 수
있다는 것을 시사한다. 터키의 아카바 공략에 성공한 로렌스는
아랍군의 전투를 진두지휘한다. 하지만 터키군에 붙잡혀 고문
을 받고는 한계를 느끼며 본국으로 돌아간다. 그러나 영국 정부
와 아랍인들은 그를 여전히 영웅으로 추앙한다.

로렌스는 다시 아랍으로 돌아와 알리 족장과 함께 시리아의 수도 다마스쿠스를 점령한다. 하지만 아랍 민족의 독립을 논의할 시점이 서서히 다가오자 열강국들은 아랍의 분할통치를 시도한다. 결국 아랍민족연합회의를 이룩하려던 로렌스의 꿈은 깨지고 그는 아랍을 떠난다.

상영시간이 3시간 반이 넘는 영화는 아랍통일에 헌신하는 전쟁 영웅 로렌스에 맞춰 있다. 아랍 부족들을 중재하고 단합시켜 터키 아카바를 공격하는 전술 전략가의 모습과 대규모 낙타부대를 이끌고 터키군을 무찌르는 야전 사령관의 모습을 보여준다. 그는 "사막을 왜 좋아하느냐?"는 미국기자 질문에 "깨끗하니깐"이라고 말한다. 이는 아랍에 대한 로렌스의 헌신이 순수하다는 것을 의미한다. 영화는 로렌스를 영웅화하면서도 편집증적인 정신 분열 증세를 같이 보여준다. 터키군에게 고문당한 후 아랍인이 될 수 없는 자신의 한계를 느끼기도 하고, 아랍연합이 실패로 끝나자 정신분열에 시달리기도 한다.

실제로 T. E. 로렌스(1888~1935년)는 옥스퍼드대를 수석 졸업한 고고학자이자 영국 첩보요원으로 중동 전문가였다. 터키 제국을 무너뜨리기 위해 아랍민족운동을 전개했던 영국 아랍정책의 핵심인물이었다. 아라비아반도의 여러 부족을 통합해 통일된 아랍 국가를 세우려던 파이샬 이븐 후세인과 함께 전쟁을 주도했고, 1917년 아카바를 장악한 데 이어 이듬해엔 다마스커스(현 시리아 수도)를 점령한 역사적인 인물이다. 로렌스의 평가는 엇갈린다. '아랍 독립에 힘쓴 영웅'이란 호평과 '가면을 쓴 제국주의자'란 비판도 있다. 결국 아랍의 영웅으로 추앙받았던 로렌스는 종전과 함께 사이크스-피코 협정에 따라 아랍이 분할되면서 무너졌다는 것이 지배적인 의견이다.

감독은 영국 출신의 거장 데이비드 린. 그는 영화 화면의 웅장함뿐만 아니라 깊이 있는 인물을 창조해, 스티븐 스필버그, 마틴 스콜세지 등 세계 유명감독으로부터 스승으로 대접받은 거장이었다. 특히 영화에서 보여주는 광활한 사막을 배경으로 한 압도적인 영상미와 알리 족장이 사막 먼 곳의 한 점에서 서서히 등장하는 장면 등은 세계 영화사에 남을 명장면들이다. 1963년 아카데미 7개 부문(작품, 감독, 촬영, 음악, 편집, 미술, 녹음)을 수상한 전기 영화의 걸작이다. 로렌스라는 전쟁영웅의 내면과 광활한 사막의 풍광을 70mm 와이드 스크린 화면으로 찍은 기념비적인 대작이라는 평가다.

✖ 닥터 지바고 Doctor Zhivago ✖

감독 | 데이빗 린 출연 | 오마 샤리프, 줄리 크리스티 1965년

"당신이 슬픔이나 회한 같은 것을 하나도 지니지 않은 여자였다면
당신을 이토록 사랑하지 않았을 것이요.
나는 한 번도 발을 헛디디어 보지도, 오해해 보지도,
잘못을 해보지도 않은 사람을 사랑하지 않소."

닥터 지바고가 운명적 연인 라라에게 하는 말.

볼셰비키 혁명 속 인텔리겐치아의 고통과 사랑

1914년 6월, 오스트리아의 황태자 부부가 암살당한 사라예보 사건으로 시작된 1차 대전(1914~1918년)은 영국·프랑스·러시아 등의 연합국과 독일·오스트리아·이탈리아의 동맹국에 미국, 오스만제국 등이 나중에 합류하면서 세계 전쟁이 됐다. 발칸반도에서 게르만계와 슬라브계가 충돌한 것이다.

하지만 러시아는 내부적으로 전쟁을 할 처지가 아니었다. 1917년 2월 혁명으로 니콜라이 2세가 물러나고 자본가 및 지주를 중심으로 임시정부를 수립, 노동자 중심의 소비에트(의회)를 조직했다. 이후 스위스에 망명한 레닌이 주도한 10월 혁명

이 성공하면서 볼세비키 당을 결성, 임시정부를 타도했다. 이어 소비에트 연방정부(소련)를 수립하고는 독일과 단독으로 강화 조약을 맺고 세계전쟁에서 빠졌다.

영화 〈닥터 지바고〉는 1차 대전과 러시아 혁명 이후 내전을 배경으로 의사이면서 시인인 지바고와 그의 연인 라라의 운명적인 사랑을 그린 서사시다. 상영시간이 3시간 20분에 가까운 영화는 전쟁과 사회주의 혁명의 소용돌이 속에서 만남과 이별을 이어가는 남녀를 통해 전쟁의 비정함과 당시 혁명 속에서 고통받는 지식인의 아픔을 서정적으로 표현하고 있다.

1922년 붉은 군대가 소련을 수립한 이후 지바고의 이복형(알렉 기네스)의 회상으로 시작하는 영화는 지바고와 라라 사이에서 태어난 딸의 출생을 확인하는 대화를 통해, 1차 대전과 공산혁명 속에서 지바고와 라라의 파란만장의 인생역정을 쫓아가는 형식이다.

의대생 유리 지바고(오마 샤리프)는 그로메코 가(家)의 딸 토냐(제랄린 채플린)와 결혼을 약속한 사이다. 반면 혁명가 청년 파샤를 애인으로 둔 라라(줄리 크리스티)는 러시아 고위법관인 코마로브스키와 불륜을 이어간다. 그러던 어느 날 라라는 심한 고열로 지바고의 치료를 받게 된다. 치료과정에서 심신이 약한 상태의 라라를 본 지바고는 운명적인 사랑의 느낌을 받게 된다. 좌파청년 파샤와 고위 관료 코마로브스키 두 남자 사이에서 힘들어하던 라라는 고급 사교장에서 코마로브스키에게 총상을 입힌다. 그 연회에 참석한 지바고도 다시 라라를 보게 된다.

1차 세계대전이 일어나고 지바고는 군의관으로 참전하고, 라라는 남편을 찾으려 종군간호사가 된다. 재회하는 지바고와 라라. 둘은 사랑에 빠지게 되지만 1차 대전이 끝난 뒤 헤어진다. 레닌의 혁명정부가 수립되자 지바고 가족은 아내 토냐의 고향인 유리아틴으로 숨어든다. 거기서 우연히 라라를 다시 만난다. 아내와 라라 사이에서 고민하던 지바고가 라라와의 절연을 선언하고 집에 돌아오는 도중, 빨치산에 잡혀 강제 입산을 한다. 그 후 어렵게 탈출에 성공한 지바고는 가족은 찾지 못하고 다시 라라와 만나게 된다. 지바고의 생사를 알 길 없는 가족이 프랑스 파리로 망명한 뒤다. 이제 단 둘뿐인 지바고와 라라는 유리아틴에서 잠시 행복한 시간을 보낸다. 하지만 지바고는 남편 파샤의 죽음으로 생명의 위협을 받는 라라를 살리기 위해 코마로브스키와 함께 떠나보내기로 한다.

영화는 20세기 초 전쟁과 혁명으로 불안한 러시아 정세를 보여준다. 제정 러시아 군대와 노동자 및 학생 간의 유혈 충돌, 공산 혁명과 내전과정에서의 이념과 계층 간의 갈등과, 땔감 부족 등 경제적인 고통을 받는 민중들의 비참한 모습을 담고 있다.

영화는 특히 공산 혁명 당시 지식인의 고통을 잘 묘사하고 있는데, 좌우의 이념 대립 속에서 중립적인 입장을 견지하기가 얼마나 어려운지를 보여준다. 지바고는 군의관으로서는 혁명군으로부터 대우받다가도, 발표한 시가 문제가 돼 나약한 지식인으로 찍혀 비판받는 처지가 된다.

영화엔 세계 영화사에 길이 남을 명장면이 많다. 설원인 우랄산맥을 넘는 기차, 끝없이 들판에 펼쳐지는 해바라기밭, 눈이 쌓인 환상적인 고풍의 저택, 그 안에 시린 손을 불어가며 시를 써가는 지바고의 모습, 한 점이 되도록 설원을 달려가는 마차, 눈 덮인 벌판에서 벌이는 기마병의 전투 등 러시아의 광활한 혹은 아름다운 풍광을 그림처럼 재현했다.

영화 주제곡인 모리스 자르의 '라라의 테마'는 역사의 격변기에 희생돼 가는 여주인공 라라의 아픔을 잘 표현하고 있다. 영화의 유명세를 높여준 이 곡은 러시아 민속 악기 발라라이카(Balalaika, 영화에서 라라의 딸임을 증명하는 장치)를 사용한 것으로, 감성적이고 애잔한 현악기 선율을 들려준다.

정치적 압력으로 1958년 노벨 문학상 수상을 거부해야 했던 소련의 시인 보리스 파스테르나크의 동명 원작을 〈아라비아의 로렌스〉 〈콰이강의 다리〉 등 대작들을 주로 만든 거장 데이비드 린이 감독했다. 이집트 출신 배우 오마 샤리프는 이 영화로 세계적인 배우가 됐다.

레닌이 이끄는 붉은 군대와 군주제, 자본주의 등의 세력이 연합하여 형성된 백군이 싸운 러시아 내전은 1922년 붉은 군대가 소련을 수립하면서 사실상 끝났다. 하지만 레닌이 일찍 죽자 스탈린이 1924년 소련공산당 서기장에 올라 다수 반대파를 숙청하고 독재체제를 확립했다. 이후 67년간 공산 독재를 이어오

다 1991년 12월 25일 소련의 미하일 고르바초프가 대통령직을
사임하면서, 소련 연방정부는 해체됐다.

인생은 아름다워

La Vita E Bella, Life Is Beautiful

감독 | 로베르토 베니니 출연 | 로베르토 베니니, 니콜레타 브라스키 1997년

"날 위해 희생한 아버지의 이야기다.
이것이 아버지가 내게 남긴 선물이다."

홀로코스트에서 살아남은 아들이 죽은 아버지에게 보낸 헌사.

나치의 광기를 전쟁놀이로 바꾼 아버지의 사랑

전쟁이 나면 가장의 역할은 지대해진다. 가족의 안전과 생계를 책임져야 하고 가족에게 믿음과 안도감도 줘야 한다. 특히 자식들에겐 위협하는 모든 것을 제압할 수 있는 '대장'의 모습도 보여줘야 한다. 하지만 더 중요한 것은 어떤 상황에서도 살아남을 수 있다는 희망을 보여 주는 것이다.

영화 〈인생은 아름다워〉는 2차 세계대전 당시, 처참한 유대인 수용소 안에서 가족을 지켜내는 아버지 이야기다. 유대인 대량학살(홀로코스트, Holocaust) 속에서 아들과 아내의 생명을

구하는 아버지의 고군분투는 우스꽝스럽지만, 가슴 시리게 하고 슬프게 한다. 그래서 비극적인 상황을 블랙코미디로 표현한 '인생은 아름다워'라는 제목은 역설적이다. 독일군 병사에게 처형되는 그 순간까지 웃음을 잃지 않은 아버지의 사랑이 큰 울림으로 다가온다. 영화의 첫 장면 위로 들리는 내레이션처럼 '동화처럼 슬프고 놀라우며 행복이 담긴 이야기'다.

1939년 2차 대전 직전 로마에 상경한 시골 총각 귀도(로베르토 베니니)는 운명처럼 만난 도라(니콜레타 브라시)에게 첫눈에 반한다. 넘치는 재치와 유머로 그녀를 사로잡은 귀도는 도라와 결혼, 아들 조수아를 얻는다.

전쟁이 발발하자 유대인 귀도와 아들 조수아는 수용소행 기차를 타게 되고, 그 소식을 들은 도라는 유대인은 아니지만 기차에 오른다. 귀도는 아들을 달래기 위해 수용소 생활을 '1,000점을 따는 게임'이라 속이고 우승자에게 탱크가 상으로 수여된다고 둘러댄다.

아버지와 아들은 여러 차례 위기상황에서도 아버지의 재치와 유머로 잘 극복해내고 끝까지 살아남는다. 마침내 전쟁이 끝났다는 말을 들은 아버지 귀도는 아들을 창고에 숨겨두고 여자 감옥에 있는 아내를 찾아 나서다 독일군에 발각돼 처형된다. 얼마나 지났을까. 독일군이 철수한 텅 빈 수용소에 아버지 말대로 탱크 한 대가 들어온다. 살아남은 어린 아들은 환호를 지른다. "1000점을 따 1등 했다."

주인공 귀도는 어린 아들에겐 슈퍼맨이고, 아내에겐 왕자다. 지적이진 않지만 두뇌 회전이 빠르고 임기응변에 능한 그는 아내 도라에 대한 사랑에 헌신적이다. 그는 도라를 감동시키기 위해 자주 기적을 연출해 낸다. 그의 행동은 우스꽝스럽지만 순수하기에 아름답다. "안녕하세요, 공주님!(Buongiorno, Principessa!)"은 귀도의 순수한 사랑을 표현하고 있는 상징어다.

　　귀도는 아들에겐 수호자다. 유대인 수용소에서 어린 아들을 살려내야겠다는 아버지로서의 몸부림은 눈물겹고, 처절하다. "아이들이 다 사라졌어. 애들을 땔감으로 썼대, 비누와 단추를 만들려고"라며 겁먹고 집에 가자고 조르는 아들에게 그는 "게임을 하느라 다 숨어 있는 거야. 집에 가고 싶으면 가자. 우리가 1등 할 수 있었는데…"라며 짐짓 나가는 시늉을 한다. 이렇듯 극한상황으로 내몰리면서도 그는 특유의 유머와 낙관주의로 아들에게 희망을 준다.

　　영화는 밝고 과장되고 웃기지만 뭉클하다. 독일 병사에게 체포돼 처형되기 직전, 숨어 지켜보고 있는 아들에게 게임인 양 씩씩하게 걷는 아버지 귀도의 모습엔 눈물이 난다. 전쟁 전, 오페라 극장 객석에서 귀도가 아내를 몰래 훔쳐보는 장면 중에 흐르는 오펜바흐의 오페라 〈호프만의 이야기〉 중 '뱃노래'의 서정적인 선율과, 수용소에서 아내에게 자신과 아들이 살아있음을 알려주는 니콜라 피오바니의 삽입곡 '안녕하세요, 공주님!'의 감성적이며 서정적인 멜로디가 감동과 울림을 준다.

이탈리아의 유명한 코미디 배우인 로베르토 베니니가 감독, 각본, 주연을 맡아 1999년 제71회 아카데미 시상식 남우주연상, 음악상, 외국어영화상을 수상했고, 1998년 제51회 칸 영화제 심사위원대상을 받았다. 홀로코스트라는 심각하고 우울한 내용을 밝고 따뜻하며 서정적으로 만드는 연출 솜씨가 세계적인 유명감독 이상이라는 평가를 받았다. 영화는 홀로코스트를 주제로 한 많은 전쟁영화 가운데서도 드물게 코미디로 접근해 비극보다 더한 비극을 보여줬다.

"날 위해 희생한 아버지의 이야기다. 이것이 아버지가 내게 남긴 선물이다"라는 내레이션으로 끝나는 영화는 전쟁에서 살아남은 아들이 죽은 아버지에게 보낸 헌사다. 착한 전쟁은 없다. 전쟁은 많은 것을 빼앗아가고 강요한다. 사랑하는 이의 죽음, 가족 간의 이별, 가난과 공포로 고통받는다. 하지만 처참한 전쟁 속에서도 가족애를 꽃피우고 기꺼이 희생을 감내하는 사람들이 있었다. 그 한 가운데에 아버지가 있었다. 전쟁의 공포와 광기를 혼자 감당해 낸 아버지는 아들의 영웅이었다.

2차 대전 중, 독일 나치가 저지른 최악의 정책은 인종차별적인 반유대인주의다. 유대인으로 태어났다는 이유 하나로 강제수용소에 끌려가 죽임을 당했다. 400만 명 가까이가 가스실에서 사망했다. 수용소로 악명이 높은 곳이 폴란드 바르샤바 근처에 있는 아우슈비츠 수용소였다. 나치가 세운 강제수용소 중에서 최대 규모였다. 이곳에서 죽은 사람들은 유대인 외에도 집시, 떠돌이, 정신병자, 동성애자, 나치즘에 반대하는 시민들이었다.

이렇게 히틀러가 유대인을 말살하려는 데는 게르만족의 우월성이 깔려 있다. 독일 국민 전체를 키가 크고 날씬한 체형에, 좁은 얼굴과 코, 잘생긴 턱과 건강한 피부에 황금색 머리카락을 가진 전형적인 아리아인의 모습이 되도록 개조시키는 것이 목표였다. 순수 아리안 민족을 오염시키는 유대인 등 열등 민족과 낙오자 계층을 분류해 '인종 청소' 한 것이다.

아우슈비츠 강제수용소는 나치가 저지른 유대인 학살의 상징이 됐다. 현재도 시체를 태웠던 소각로, 유대인들을 실어 나른 철로, 고문실 등이 남아 있다. 1945년 1월, 패색이 짙어지자 나치는 대량학살의 증거를 없애기 위해 건물을 파괴하였으나 소련군이 예상보다 일찍 도착, 일부 시설이 남게 됐다. 종전후 나치의 잔학 행위를 잊지 않기 위해 유네스코는 1979년 아우슈비츠수용소를 세계문화유산으로 지정했다.

✖ 쉰들러 리스트 Schindler's List ✖

감독 | 스티븐 스필버그 출연 | 리암 니슨, 벤 킹슬리, 랄프 파인즈 1993년

"한 생명을 구한 자는 세계를 구한 것이다."

유대인 회계사 스턴이 생명의 은인 쉰들러에 헤어지며 하는 말.

죽음을 생명으로 바꾼 아름다운 명단

전쟁은 많은 것을 잃게 한다. 하루아침에 가족과 헤어지고 직장을 잃고, 추위와 배고픔에 떨게 한다. 삶은 점차 피폐해지고 죽음에 이르게 된다. 하지만 어떤 이에겐 기회가 된다. 무질서와 혼란을 틈타 권력을 키우고 재산을 늘려 부를 축적한다.

영화 〈쉰들러 리스트〉의 주인공 쉰들러가 그런 인물이다. 나치당원이며 독일 사업가인 그는 나치 권력을 이용해 유대인의 공장과 노동력을 착취해 큰 부자가 된다. 그는 아내에게 "지금껏 사업실패는 없었지만 늘 뭔가가 빠져있었다. 그때 알았다고 해도 할 수 없었을 뭔가가 빠져있었다. 사업의 성공과 실패를 가르는…"이라고 말한다. 아내는 그것이 "운이냐?"고 묻는

영화 〈쉰들러 리스트〉   출처 · UPI 코리아

다. 이에 쉰들러는 짧게 답한다. "전쟁!"이라고. 이처럼 쉰들러
에게 전쟁은 기회였다. 그는 전쟁을 철저하게 이용해 큰돈을 번
다. 그런 그가 평생 모은 전 재산을 털어 죽음의 집단수용소로
향하는 수많은 유대인을 구한다. 인류애를 실천하는 진정한 휴
머니스트로 거듭나는 것이다.

　영화 초반, 주인공 쉰들러(리암 니슨)는 부패한 기회주의자
다. 2차 대전 중인 1939년 그는 폴란드계 유대인이 경영하는
그릇공장을 인수하기 위해 나치 당원이 돼 폴란드에 들어온다.
그는 이른바 '접대' 귀재다. 암시장에서 구입한 값비싼 양복에
나치 배지를 달고는 나치가 애용하는 클럽에 나타난다. 그는 우

선 고위급 나치 요원들이 앉아 있는 테이블로 최고급 와인을 보낸다. 잠시 후 그는 나치와 여자들을 자신의 테이블에 앉히고 낄낄거리며 농담을 하는 사이가 된다. 그에게 여자, 술, 보석, 현금 등은 '절대 갑'인 나치들을 자기 네트워크로 만드는 무기다. 그 대가로 쉰들러는 인건비 한 푼 안 들이고 유대인의 노동력을 얻는다.

영화 중반, 쉰들러는 변한다. 유대인 학살 현장에서 쉰들러의 시선은 독일군을 피해 도망가는 빨간색 원피스의 어린 소녀를 쫓는다. 이 장면은 흑백 화면의 영화 속에서 유일하게 색깔을 입힌 부분으로, 감독 스필버그의 메시지가 담긴 듯하다. 영화 종반, 쉰들러는 시체소각장에서 빨간색 원피스를 입은 그 소녀가 시체가 돼 수레에 실려 버려지는 장면을 보게 된다. 이 어린 소녀의 주검은 쉰들러가 모든 재산을 털어 생명의 쉰들러 리스트를 작성하는 계기가 된다. 타락한 기업가에서 전쟁 영웅으로 거듭나는 대목이다.

나치가 항복하자, 쉰들러는 연합군에 쫓기는 도망자 신세로 전락한다. 자신의 직원인 유대인들과 이별하는 자리에서, 직원들의 금니로 만든 반지와 모든 직원들이 서명한 신분증명서를 받은 쉰들러는 재산이 조금 더 있었다면 더 많은 생명을 구할수도 있었다며 울음을 터뜨린다. 그런 그에게 그의 유대인 회계사 스턴(벤 킹슬리)은 탈무드의 경구를 들어 "한 생명을 구한 자는 세계를 구한 것이다"라고 말하며 고마움을 표시한다.

유대인 감독 스필버그는 영화 전체를 흑백화면으로 처리해 사실감을 높였다. 관객들이 한편의 다큐멘터리 기록영화를 보는 것처럼 해 홀로코스트가 인류 역사상 가장 사악한 사건 중 하나였음을 강조한다. 영화는 유대인들의 핍박과 죽음보다는 휴머니즘과 나치의 광기에 방점을 두고 있다. 스필버그 감독은 이 영화로 1993년 제66회 아카데미 작품상, 감독상 등 7개 부문을 수상, 유독 아카데미 상복이 없다는 악연에 종지부를 찍었다.

  쉰들러는 총을 든 군인은 아니다. 지구를 침범한 외계인을 때려잡는 할리우드 영화 속 슈퍼 히어로는 더더욱 아니다. '어벤져스(Avengers)'의 아이언 맨, 토르, 헐크처럼 근육질도 아니다. 그는 보통 체격에 평범한 시민이었다. 다만 다른 사람보다 돈이 조금 많았고 그 돈을 유대인 1,100명을 구하는 데 썼다. 총 대신에 휴머니즘과 희생정신으로 소중한 생명을 구한 것이다.

✖ 덩케르크 Dunkirk ✖

감독 | 크리스토퍼 놀란 출연 | 핀 화이트헤드, 마크 라이런스, 톰 하디 2017년

"Home!(조국!)"

부관이 "무엇이 보입니까?"라고 물을 때
병사들을 구출할 배들을 보고 볼튼 사령관이 한 말.

노르망디 상륙작전을 능가하는 처칠의 철수작전

전쟁영웅의 조건은 무엇일까. 난공불락의 고지를 탁월한 전략전술로 점령한 장군은 전쟁영웅이다. 그 전투에 참전한 병사도 영웅이다. 그곳에서 전사한 병사도 영웅이다. 이렇듯 전쟁에 참전한 모든 병력을 전쟁 영웅이라고 불렀다고 해서 이의를 달 사람은 없다. 모두가 조국을 위해 소중한 목숨을 바칠 각오로 나섰고, 바쳤기 때문이다.

하지만 영화 〈덩케르크〉에서 묘사된 전쟁 영웅은 뜻밖에도 독일군 공격을 피해 철수한 영국군에게 차 한 잔을 갖다 준 소년이다. 자신이 구출한 영국군과 벌어진 아주 사소한 몸싸움으로 목숨을 잃은 소년은 영화 말미에 유일하게 전쟁영웅으로 지역신문에 실린다.

그 앳된 소년 조지(배리 케오간)가 한 일은 영국군을 구출하려는 배에 구명조끼를 싣거나, 구조된 영국 병사에게 따뜻한 차한 잔 갖다 준 것이 전부다. 하지만 영화는 그를 전쟁영웅이라고 부르는 데 주저하지 않는다. 직접 총을 들고 싸운 병사뿐만 아니라 국가를 위한 작은 선행도 영웅적인 행위가 된다는 해석이다.

2차 대전 초기, 프랑스 덩케르크 해안에서 독일군에 포위된 40만여 명의 영국군과 연합군의 다이너모 작전(Operation Dynamo)을 다루고 있는 영화는 크게 3개의 공간에서 진행된다. 먼저 '해변'은 보이지 않는 적에게 포위된 채 어디서 총알이 날아올지 모르는 생사의 7일을 담고 있다. 다음은 '하루 동안의 바다'다. 영국 국민이 자신의 병사들을 구출하기 위해 작은 배를 몰고 덩케르크로 항해하는 감동의 하루다. 마지막은 남은 연료로 비행이 가능한 '1시간의 공중'이다. 독일 전투기를 공격해 추락시키는 임무를 다하고 독일군에 체포되는 영국 공군 파일럿의 전우애와 희생의 하늘이다.

실제로 1940년 봄, 당시 영국 처칠 수상은 독일군의 공격으로 패색이 짙던 서부전선 덩케르크에 스핏 파이어 전투기와 화물선, 어선 등 민간 선박 860여 척을 보내 40만 명의 병사들을 구출했다. 이 구출 작전의 성공으로 영국 등 연합국은 기사회생, 노르망디 상륙작전들을 통해 전쟁에서 이길 수 있었다.

영화는 이들 40만 명의 영국군과 연합군의 생존에 초점을 맞추고 있다. 다른 전쟁영화처럼 공격을 지휘하는 장교 아래, 임무를 수행하는 병사들의 활약상 같은 것은 없다. 영화엔 극한 상황을 탈출하려는 병사들의 공포, 불안한 심리와 살아남기 위한 어쩔 수 없는 갈등과 대립, 전우애와 희생이 있다.

영화는 전쟁에 참전한 모든 젊은이가 영웅이요, 귀환한 병사조차 패잔병이 아니라고 말한다. 사선을 넘나드는 탈출 과정에서 배에 물이 차올라 동료 병사 깁슨을 죽음으로 내몰던 알렉스는 토미와 함께 천신만고 끝에 그리워하던 조국 영국으로 살아 돌아온다. 하지만 알렉스는 죄책감에 빠진다. "우린 패배한 전쟁터에서 살아 돌아왔어. 국민이 우릴 절대 반기지 않을 거야." 그러나 배에서 내린 그에게 담요를 건네준 노인은 알렉스에게 "살아 돌아와 준 것만으로도 충분하다"라고 환영한다.

또 한 대목. 독일 전투기를 격추하는 중에 자신의 전투기도 피격당한 영국군 조종사 콜린스 역시 무사히 구출돼 영국본토로 귀환했지만, "공군은 도대체 뭘 한 거야?"라는 비아냥 소리를 듣는다. 그때 자신을 구해준 할아버지 도슨은 그에게 "신경 쓰지 말게. 우린 자네가 뭘 했는지 다 아니까"며 격려해 준다.

이렇다 할 주인공 없이 영화엔 여러 인물이 등장하지만, 배를 운전해 아들과 함께 구출에 나서는 할아버지 도슨(마크 라이런스)의 연기가 인상적이다. 생존의 상황을 숱하게 겪었을, 연륜 있는 인물답게 생존의 위협 앞에서도 침착하게 대응하는 애국심으로 가득한 백전노장의 모습을 잘 표현하고 있다.

감독은 〈인터스텔라〉 〈인셉션〉으로 잘 알려진 크리스토퍼 놀런. CG를 쓰지 않는 것으로도 유명한 감독은 아이맥스(IMAX) 카메라와 65mm 필름카메라를 사용, 전쟁의 리얼리티를 살려 감동적인 영상을 연출해 냈다.

다이너모 작전의 성공엔 왜 히틀러가 공격을 중지했는지에 대한 미스터리가 숨어있다. 당시 막강한 독일군 기갑부대가 덩케르크 약 13km 지점까지 와있던 상황에서 히틀러가 급작스럽게 공격중지 명령을 내렸기 때문이다. 대부분의 역사학자는 히틀러가 영국과의 평화 협상을 염두에 두고 독일군의 마지막 진격을 정지시킨 것으로 해석하고 있지만, 이 역시 확실하지 않다. 역사엔 만일이 없지만, 당시 히틀러가 공격중지를 내리지 않았다면 판세는 전혀 달랐을 것이다.

⚔ 진주만 Pearl Harbor ⚔

감독 | 마이클 베이 출연 | 벤 애플렉, 조쉬 하트넷, 케이트 베킨세일 2001년

"이 공습이 잠자던 호랑이를 건드린 게 아닌지 걱정스럽군."

일본 연합함대 사령장관 야마모토 이소로쿠가 진주만을 2차 폭격 후 하는 말.

잠자는 미국을 깨운 일제의 가미카제

사랑하는 남자와 여자, 그리고 친구가 있다. 전쟁이 발발하자 남자는 자원입대한다. 반드시 살아 돌아올 것이라는 말을 남긴 채. 여자 역시 그 어떤 일이 있더라도 끝까지 기다리겠다고 말한다. 하지만 전사자 통지서는 종종 오해를 불러일으킨다. 여자는 슬픔에 잠기고 친구는 여자를 위로해준다. 급기야 여자는 친구와 결혼한다. 그러나 그것도 잠시, 거짓말처럼 남자는 살아 돌아온다. 전쟁은 이렇게 남자와 여자 그리고 친구 간의 사랑과 우정을 송두리째 바꿔놓는다.

전쟁은 종종 멜로드라마를 만든다. 전쟁영화치고 대 로망 서사시가 아닌 것이 없다. 대개는 젊은이들의 우정과 사랑이 파

노라마처럼 펼쳐진다. 흐르는 역사의 강물에 몸을 맡긴 젊은이들은 우정과 사랑 때문에 가슴 아파하며 성장한다. 이런 청춘들의 우여곡절은 동서고금을 막론하고 다른 듯하지만 결국 닮았다. 더 특별하다거나 아주 다른 인생은 없다. 전형적이고 상투적이라 비판받지만 그래서 감동이 있다. 역설이다.

영화 〈진주만〉은 1941년 진주만 공격이라는 역사적 소용돌이를 겪는 두 명의 젊은 조종사와 여군 간호사의 이야기다. 일본군의 진주만 공습(Attack on Pearl Harbor)과 그 보복으로 이뤄진 미군의 도쿄 대공습을 배경으로 형제 같은 두 명의 공군 파일럿 레이프(벤 에플렉)와 대니(조쉬 하트넷), 그리고 미 해군 소속 간호사 에벌린(케이트 베킨세일)의 사랑과 우정이 기둥 줄거리다. 미군의 둘리틀 중령과 진주만 공습 시의 흑인 군인 밀러, 일본 연합함대 사령장관 야마모토 이소로쿠만 실존 인물이고 주인공 남녀 주인공 3명은 픽션 인물이다.

영화는 전쟁의 참혹함을 사실적으로 보여주기보단 멜로드라마의 구조를 차용해 감성적으로 접근한다. 다른 전쟁영화들에 비교해 작품성이 높다고 할 수 없지만, 감각적인 영상은 수준급이다. 남녀 주인공이 탄 비행기가 석양 노을을 배경으로 나는 환상적이고 서정적인 영상, 낙하산에서 사랑을 나누는 남녀 주인공 등의 화면은 로맨틱하다.

진주만 폭격장면은 이 영화의 백미다. 일본 폭격기의 기습으로 어떻게 손써볼 겨를도 없이 군함들은 두 동강이 나고 섬

전체가 쑥대밭이 돼 가는 영상은 처참하다. 이런 스펙터클한 영상은 〈트랜스포머〉로 유명한 마이클 베이 감독이었기 때문에 가능했다. CF 감독 출신인 그는 화려한 화면을 연출해 냈다.

진주만의 공습 전까지만 해도 미국은 연합군을 지원만 할 뿐 직접 참전하지 않았다. 하지만 일본군의 진주만 공격(1941년 12월 7일)은 무자비했다. 일요일 아침, 일본군의 선제공격은 미국 전함에 치명타를 입혔다. 애리조나호 등을 포함, 진주만에 정박 중이던 군함 대부분을 침몰시켰다. 8척의 전함이 완전히 불탔고 2척이 파괴됐다. 애리조나호는 당시 공격을 받은 지 불과 9분 만에 침몰하였고, 총 2,400여 명 중 절반가량의 인명피해가 일어났다. 반면 일본군의 피해는 경미했다. 당시 일본 해군력과 공군력은 상당한 수준에 올라있었지만, 미군은 이를 인정하지 않았다. 미국은 진주만 기습 한 달 전 일본의 암호문을 해독해 전쟁을 예상했지만 공격 지점을 정확히 알지 못했다.

일본은 진주만 공격을 하지 않을 수 없었다. 예상 밖으로 중일 전쟁이 장기화되면서 군사 자원이 부족했다. 그래서 눈독을 들인 곳이 석유와 목재 등 군사 자원이 많은 인도차이나. 하지만 전쟁 시 미국의 식민지 필리핀과 진주만을 경유하지 않을 수 없었다. 여기에 미국이 일본에 대해 석유와 철의 수출을 중단한 점, 전쟁 시 전면전으로 확대되지 않을 것이라는 일본군부의 판단과 미국의 지리적 불리함, 중일전쟁에서 얻은 자신감 등도 전쟁의 원인이 되었다.

진주만이 폭격당했다는 정신적 패배감에 빠진 미국은 미국 역사상 가장 대담한 작전을 준비한다. 그것이 바로 전설적인 파일럿 지미 둘리틀이 이끄는 특공대의 도쿄 대공습(Bombing of Tokyo)이다. 이후 계속된 미군의 도쿄 대공습으로 일본은 큰 충격을 받았다. 일본 국민들은 도쿄와 그 주변 일대에 떨어진 소이탄으로 대도시가 불타고 엄청난 인명 피해가 나면서 정신적인 공황상태가 됐다. 이 공습으로 10만여 명의 주민이 한꺼번에 목숨을 잃었다. 설상가상으로 원폭 투하까지. 일본 군부는 항복할 수밖에 없었다.

목가적인 풍경으로 유명한 태평양 오아후섬에 있는 진주만은 19세기 이전까지 진주를 만들어 내는 굴 때문에 붙은 지명이다. 미국이 진주만을 점령한 이유는 군사적인 방어 기지를 세우기에 천혜의 자연조건을 갖추고 있었기 때문이었다. 미국은 진주만 공격 때 가장 큰 피해를 본 애리조나호의 이름을 따서 애리조나호 기념관(USS Arizona Memorial)을 건립했다. 선체를 옮기지 않고 그대로 두었다가 그 위에 기념관을 만들었다.

⚔ 특전 유보트 ⚔

The Boat

감독 | 볼프강 페터젠 출연 | 주겐 프로크노, 클라우스 웨네먼 1981년

"조국을 위한 무조건적인 희생은 공허하다."

영국군이 쏜 폭뢰로 유보트가 아래로 가라앉을 때 종군기자가 함장에게 하는 말.

독일 잠수함의 흥망사

1, 2차 세계대전에서 가장 주목을 받았던 잠수함은 독일 잠수함 유보트(U-Boat)다. 1차 대전 초기, 독일은 무차별적으로 상선을 공격하는 '무제한 잠수함 작전'으로 연합국에 상당한 타격을 입혔다. 하지만 중립국인 미국의 선박까지 공격해 미국의 참전을 불러왔다. 이후 전세는 급격하게 기울어 독일은 전쟁에서 패했다. 2차 대전 때도 위협적이었다. 영국 처칠 수상이 회고록에서 "2차 대전 기간에 나를 가장 두렵게 한 것은 유보트였다"라고 쓸 정도였다. 유보트는 1940년 6월~1943년 3월까지 최고의 전성기를 맞았는데, 독일이 노르웨이와 프랑스까지 유보트 기지를 확보해 대서양 제공권을 장악한 시기였다. 유보트는 연합군 수송선을 발견하면 근해에 있는 유보트들끼리 연락

해 여러 잠수함을 동시에 공격했다. 영국군 표현대로 '늑대 떼' 공격이었다.

영화 〈특전 유보트〉는 1941년 잠수함대의 전성기이긴 하지만, 영국이 자국의 상선을 보호하기 위해 구축함을 강화해 유보트에 타격을 가한 시기를 배경으로 한다. 전쟁을 경험하지 못한 새내기 병사들을 태운 독일 잠수함 U-96이 독일군이 점령한 프랑스 라 로셀(La Rochelle) 기지에서 출발한다. 하지만 잠수함의 폐쇄된 공간에서 오는 답답함과 불편함이 병사들을 괴롭힌다. 식사를 하다가도 일어나서 길을 비켜줘야 하고, 음식물도 어뢰실이나 화장실에 보관해야 한다. 그러던 중, 처음으로 영군 군함과의 교전에서 힘겹게 승리하지만, 전쟁의 실체와 맞닥뜨린 병사들은 공포에 사로잡힌다. 그 공포가 가시기도 전에 또 하나의 명령이 떨어진다. 영국군의 본거지인 지브롤터 해협을 통과하라는 것이다. 자살 명령이나 다름없는 작전을 수행하기 위해 적지 한 가운데로 향하는 U-96. 하지만 영국군의 공격으로 U-96은 크게 파손돼 바닷속 깊은 곳에 처박히고 만다.

〈특전 유보트〉는 2차 세계대전을 다룬 많은 영화 중 드물게 독일 입장에서 그린 영화다. 미국 할리우드 영화의 영원한 안타고니스트(antagonist)인 나치군이 영화의 주역으로 나와 공포에 떨며 고민하고 행동하고 조국에 두고 온 여자 친구에게 편지를 쓰기도 한다. 그들 역시 연합국 병사와 마찬가지로 조국과 가족을 위해 싸우는 것이다.

영화는 영국군의 공격으로 발생한 위기 및 극한상황에 대처해가는 독일 병사들의 악전고투에 초점을 맞추고 있다. 함장(주겐 프로크노)을 포함해 모든 대원들은 영국군 초계기의 공습과 구축함의 폭뢰에서 오는 극도의 긴장감과 잠수함의 밀폐된 공간, 제한된 산소와 식량으로 지쳐가는 상황에서도 일사불란하게 행동한다. 하지만 상황이 점차로 극한에 처하면서 공포와 패배감만이 잠수함을 지배한다. 영화엔 적군과 아군이 따로 없고 전장에서 악전고투하는 병사들만 있을 뿐이다.

영화의 클라이맥스는 영국군의 폭탄투하로 U-96이 수심한계치 260m 밑으로 처박힌 채 공포와 절망의 시간에 있다가 기적적으로 밸러스트 탱크 물을 배출해 10m씩 수면으로 올라가는 장면이다. 어린 수병들이 살았다는 안도의 한숨과 땀, 눈물로 뒤범벅된 몸을 얼싸안는 장면이 가슴 뭉클하다.

영화는 전쟁에서 지휘부의 전략적인 사고와 판단이 얼마나 중요한가를 보여준다. 영국군이 쏜 폭뢰로 잠수함의 엔진이 멈춰 바다 아래로 가라앉을 때 부함장은 종군기자에게 절망적으로 말한다. "그들(상부)은 미쳤어. 해협을 통과하는 게 쉬운 작전이라고 우릴 속인 거야! 잠수해서 조류를 타고 표류한다고? 이 엉터리 같은 작전. 함장은 희망이 없다는 걸 진작 알고 있었어!" 이어 절망감에 사로잡힌 종군기자는 함장을 찾아가 "조국을 위한 무조건적인 희생은 공허하다"고 토로한다.

영화는 냉전 이후 핵 잠수함을 소재로 한 〈K-19 위도우메이커〉 등과 다르게, 2차 대전 당시 독일군 입장에서 겪은 실제 전쟁 상황들이어서 더욱 사실적으로 느껴진다. 당시 U-96의 승조원이었던 로타-귄터 부흐하임이 쓴 소설이 원작이다. 원제 다스 보트(DAS BOOT)가 말해주듯 잠수함(Submarine)이 아니라 배로서, 물속에선 속도도 안 나고, 깊이 잠수도 못 하고, 수면 위로 올라와서 적의 동향을 살펴야 하는, 요즘 잠수함과는 비교가 안 되는 잠수함인 셈이다.

영화는 전쟁의 스펙터클을 보여주기보단 비좁고 질식할 것 같은 잠수함에 갇힌 병사들의 불안하고 절망적인 심리를 묘사하고 있는데 함장역의 독일 출신 주겐 프로크노의 표정 연기가 인상적이다. 이 영화 이후 그는 볼프강 페터젠 감독과 함께 할리우드에 진출하게 된다.

잠수함 출정을 앞두고 술을 마시는 등 내일이 없는 오합지졸의 독일 병사들의 모습에서 시작하는 영화는 독일에서 만들어진 대부분의 2차 대전 영화가 그렇듯이 반전(反戰)의 메시지가 강하다. 전쟁의 공포를 강조하며 전쟁 허무주의를 짙게 깔고 있다. 결과론적인 얘기지만 히틀러와 나치의 만행에 대한 독일 국민으로서 부끄럼과 반성 때문인 듯하다. 영화의 엔딩도 마찬가지다. 사선을 넘어 어렵사리 잠수함 기지에 귀항한 U-96은 돌연 영국의 전투기 폭격으로 파괴돼, 바다 아래로 가라앉는다. 어린 수병들과 생사고락을 같이한 함장도 부상당한 몸으로 잠수함의 침몰을 지켜보며 숨을 거둔다. 영화 시작에서 암시한 전쟁의 허무주의가 영화 끝에서도 그대로 드러난 것이다.

결국 독일은 대서양을 지배하려는 싸움에서 패배했다. 영국군이 구축함을 증강했을 때도 독일 최고지휘부는 잠수함을 포기하지 않고 오히려 어린 수병들을 태워 점령지 프랑스로부터 출격시켰다. 실제 2차 대전 중 4만 명의 수병들이 유보트에 투입됐으나 3만 명이 돌아오지 못했다.

✕ 에너미 앳 더 게이트 ✕
Enemy at the Gates

감독 | 장 자크 아노 출연 | 주드 로, 조셉 파인즈 2001년

"나는 평생 사람과 세상이 공평해야 한다고 믿고
그 신념을 위해 싸워왔지.
하지만 아무리 싸워도 별수 없이 세상은 여전히 불공평하더군.
누구는 아름다운 여인으로부터 사랑을 받을만큼 매력적이고
누구는 그렇지 못하지. 누구는 총을 잘 쏘고 누구는 서툴고…."

선전장교 다닐로프가 동지에서 연적으로 바뀐 바실리에게 하는 말.

스탈린그라드 전투 속, 스나이퍼의 대결

현대전은 심리전(psychological warfare)이다. 강한 물리적
전투력이 우선이지만 군사, 정치, 경제적인 수단을 이용한 선전
활동을 벌여 적군의 사기를 떨어뜨리는 것 또한 중요하다. 과
거, 우리 군의 대북방송도 심리전의 하나였다. 당시 북한 당국
이 가장 민감하게 반응했다. 이순신 장군이 노량해전에서 왜군
의 탄환을 맞고 운명 직전에 "방패로 날 가려다오"라고 말한 것

영화 〈에너미 앳 더 게이트〉   출처 · UPI 코리아

도 우리 조선군의 사기를 위한 심리전술이다. 칭기즈칸이 세계
를 정복하는 데도 '몽골 기마병은 잔인하다'라는 소문이 크게 기
여했다.

　세계 각국은 심리전 훈련을 받은 특수부대를 갖고 있다. 2
차 대전 때 연합군과 독일군이 그랬고, 한국전쟁, 베트남전쟁
등에서도 활약했다. 심리전에 가장 많이 이용되는 것은 전단과
확성기다. 그 외에 라디오, 신문, 영화, 책, 잡지 등 대중 매체
들이다. 특히 전단은 2차 대전 때 위력이 대단했던 것으로 알
려졌는데 서방 연합군이 살포한 전단만 최소 80억 장으로 추산
된다(영화 〈덩케르크〉 시작 부분에서 해안 한쪽에 갇힌 영국군

병사들은 하늘에 떨어지는 '너는 포위됐다'란 독일군의 전단을 보면서 심적인 압박을 받는다).

영화 〈에너미 앳 더 게이트〉는 2차 대전의 변곡점이 된 스탈린그라드 전투에서 소련과 독일군, 두 저격수 간의 심리 대결을 그린 영화다. 스탈린그라드는 소련군과 나치 독일군 스나이퍼 간의 저격전으로 유명한 곳이었다. 국가의 운명과 군 사기를 좌우하는 두 나라 저격수 간의 대결이 큰 축이요, 3명의 소련군 남녀의 러브 스토리가 또 다른 축이다. 전자는 역사적 사실이고 후자는 픽션이다. 잿빛 하늘 아래 피어오르는 검은 연기, 폐허가 된 회색의 공장들, 폭격으로 무너진 건물, 광장에 나뒹구는 시체 등이 전쟁의 암울한 분위기를 표현해 내며 전쟁의 참혹함을 드러내고 있다.

영화는 저격수를 다루고 있어 전반부 대규모 전투장면 빼고는 고막이 찢어질 듯한 총성과 포성은 거의 없다. 대신 물속 같은 침묵 속에서 단 한 번의 사격으로 적군의 목숨을 앗아가는 스나이퍼 간의 비정한 세계를 보여 준다.

영화는 6개월간의 전투를 날짜로 명시해 가며 보여주는데, 1942년 9월 20일, 독일군이 유전을 확보하기 위해 볼가강 유역의 스탈린그라드를 진격하면서 시작한다. 소련군 선전장교 다닐로프(조셉 파인즈)는 선전전단을 뿌리러 간 스탈린그라드에서 바실리(주드 로)의 백발백중의 사격 솜씨를 보고 그를 심리전에 이용할 계획을 세운다. 연일 신문 1면에 장식되면서 바실리는 독일 장교를 사살하는 최고의 저격수로 변신, 붉은 군대의 영웅으로 탄생한다.

그런 가운데 바실리는 영화 도입 부분, 호송 기차 안에서 우연히 본 타냐(레이첼 와이즈)를 다시 만나 가까운 사이가 된다. 타냐를 만나게 된 다닐로프 역시 호감을 느끼면서 그들은 삼각관계에 놓인다. 바실리가 많은 독일군 장교들을 제거하자 나치도 바실리를 없애기 위해 독일군 최고의 저격수 코닉 대령(에드 해리스)을 급파한다. 이후로 두 저격수 간의 양보할 수 없는 두뇌 싸움은 계속된다. 결국 우여곡절 끝에 다닐로프의 희생으로 결정적인 기회를 잡은 바실리가 코닉을 제거한다. 바실리가 수소문 끝에 죽은 줄만 알았던 타냐를 만나면서 이야기는 끝난다.

영화는 단 한 번의 사격으로 상대방을 절명하게 하는, 경제적인 전술인 저격수의 위력을 보여준다. 영화 초반, 소년 바실리는 눈 덮인 시베리아 벌판에서 늑대를 향해 방아쇠를 당기면서 주문처럼 되뇐다. "나는 돌이다. 나는 정지해 있다. 아주 천천히 나는 입속으로 눈(雪)을 집어넣는다. 그렇게 하면 놈이 내 입김을 볼 수 없다. 나는 놈이 나타날 때까지 기다린다. 내게는 단 한발의 총알이 있을 뿐이다. 나는 아주 조심스럽게 놈의 눈(眼)을 겨냥한다." 이처럼 바실리는 저격수가 갖춰야 할 평정심과 집중 요령을 어린 나이에 일찍이 터득한다.

주드 로가 연기한 바실리 자이체프는 실제로 2차 대전 때 활약했던 실존인물로 당시 스탈린그라드 전투에서 242명의 적군을 사살한 최고의 스나이퍼 중 하나였다. 많은 소련군의 저격수를 사살한 독일군의 스나이퍼 코닉 대령도 실제인물로 나치 SS저격병학교의 교관이었던 에르빈 쾨니히로 알려져 있다(자이체프 회고록).

영화는 드물게 2차 대전 당시 소련이 연합군에 편입됐다는 이유로 소련군을 우호적인 시선으로 보게 하는데, 선전장교 다닐로프가 친구에서 연적으로 바뀐 바실리에게 내뱉는 말이 인상적이다. "나는 평생 사람과 세상이 공평해야 한다고 믿고 그 신념을 위해 싸워왔지. 하지만 아무리 싸워도 별수 없이 세상은 여전히 불공평하더군. 누구는 아름다운 여인으로부터 사랑을 받을 만큼 매력적이고 누구는 그렇지 못하지. 누구는 총을 잘 쏘고 누구는 서툴지…."

영화는 소련군의 입장에서 그리고 있지만 공산주의를 비판한다. 영화의 유일한 대규모 전투장면인 프롤로그, 주인공 바실리가 전선에 나가며 무기를 지급받는 과정에서 앞사람에겐 총을 주고 뒷사람에겐 총알 5개만 줘서 앞사람이 죽으면 그 총을 뺏어 쓰라는 장면들은 인민을 위한다는 공산주의자의 허구와 전쟁의 참상을 그대로 전달하고 있다.

스탈린그라드 전투는 2차 대전의 전세를 바꾼 전쟁이었다. 1942년 8월 21일부터 1943년 2월 2일까지 6개월여간 소련의 스탈린그라드(現 러시아 볼고그라드) 일대에서 벌어진 소련군과 독일군 간의 전투로, 2차 대전 전투들 중에서 가장 치열한 공방전이 있었다. 사상자가 200만 명으로 2차 대전 중 단일 전투로는 가장 많은 희생자를 낸 전투였다. 바르바로사 작전 이후 우세를 점하고 있던 독일군의 소련 정복 계획, 더 나아가 나치의 세계정복을 무산시킨 전투이기도 하다. 소련군은 최고 통치자 스탈린 이름을 붙인 스탈린그라드의 상징성 때문에 모든 수단과 방법을 동원해 사수했다.

스탈린그라드 전투는 게르만 민족과 슬라브 민족 간 전쟁의 축소판이었다. 1차 대전 역시 동유럽을 사이에 둔, 게르만족과 슬라브족 간의 전쟁이었다. 국익을 담보하는 식민지 쟁탈이 목적이지만 그 바탕엔 해묵은 민족 간의 대립이 작동한 것이다. 스탈린그라드 전투는 아리안 순수 혈통을 자랑하는 히틀러와 공산주의와 슬라브 민족 확장을 꾀하려는 스탈린 간의 자존심 대결이었다.

⚔ 콰이강의 다리 ⚔
The Bridge On The River Kwai

감독 | 데이빗 린 출연 | 알렉 기네스, 윌리엄 홀든, 잭 호킨스 1957년

"포로는 노예가 아니라 군인이다."

영국군 니콜슨 대령이 포로임에도 불구하고,
노역을 거부하며 일본군 포로 수용소사이토소장에게 하는 말.

교량건설을 놓고 벌이는 또 다른 미 · 영 · 일 간의 전쟁

싸움에서 진 패장(敗將)이 품위를 지키기란 쉽지 않다. 더욱이 적군에 사로잡혀 포로가 된 지휘관이 적군의 명령에 저항해 당당히 맞서기란 보통 배짱 없이는 불가능하다. 군인으로서 확고한 국가관과 신념이 있어야 가능한 일이다. 이른바 원칙 중심의 리더십(Principle-centered leadership)이 있어야 한다. 이런 패장은 어떠한 환경에서도 자신과 조직의 명예를 최우선으로 생각한다. 그리고 조직의 잠재능력을 극대화해 적군조차도 승복하게 만든다. 그렇게 할 수 있다면 그는 더는 패장이 아니다.

영화 〈콰이강의 다리〉의 영국군 공병 대장 니콜슨 대령(알렉 기네스)은 포로임에도 불구하고 "포로는 노예가 아니라 군인이다"라며 군인으로서의 명예와 원칙을 지키기 위해 죽음도 불사하는 영웅적인 리더십을 보여준다. 그는 일본군에 포로로 잡혔지만, 영국군의 긍지를 잃지 않으려 하며, 수용소장인 사이토 대령(세슈 하야카와)에게 제네바 협약의 준수를 요구한다. 모욕과 고문을 당하지만 결국 자신의 의견을 관철시킨다. 그는 일본군에 협력하는 이적 행위일 수도 있을 다리 공사를 진두지휘한다. 공사를 통해 포로가 된 자기 병사들의 노예근성을 극복하고 다시 군기를 확립하려는 것이다. 결국 일본군 수용소장을 심리적으로 제압하고 콰이강의 다리를 완성한다.

영화는 2차 대전 중 영국군 공병대가 태국의 밀림 속에 있는 일본군 포로수용소에 잡혀 오면서 시작한다. 일본군은 이들을 이용하여 콰이강에 랭군과 방콕을 잇는 다리를 건설할 계획을 세운다. 인도를 침략하기 위해서다. 그러나 영국군 니콜슨 대령은 '장교는 노역을 시켜선 안 된다'는 제네바 협정 규정을 내세우며 일본군 수용소장 사이토 대령의 명령을 거부한다. 초조해진 사이토 대령. 일본군 열차가 통과하는 날까지 공사를 마무리해야 하기 때문이다. 니콜슨 대령은 이런 사이토의 심리를 역이용해 자신의 부하들에게 유리한 조건을 만든 후 일본군이 실패를 거듭한 다리를 완성하려 한다. 영국군이 일본군보다 우수하다는 것을 입증해 보이려는 것이다. 이런 니콜슨 대령의 방침에 같은 포로인 미군 군의관은 "적군(일본군)에 협력하는 것은 반역행위"라며 반대한다. 하지만 니콜슨은 "(일본군이) 우리의 정신력을 깨뜨릴 수 없다는 걸 보여줘야 해!"라고 일갈하며 다리를 완성한다.

한편 수용소를 탈출해 영국군에게 구출된 미군 시어즈 소령(윌리엄 홀든)은 영국군의 요청으로 특수부대와 함께 다리를 폭파하러 수용소로 되돌아온다. 마침내 다리 완성을 축하하는 자리에서 니콜슨 대령은 병사들에게 "우린 명예를 지키며 생존했고, 이 밀림에서 패배를 승리로 이끌었다"라며 격려한다.

같은 시각, 시어즈 소령 일행은 강물로 침투해 교각에 폭발물을 설치하는 데 성공한다. 잠시 후 일본의 군용열차가 다리를 향해 달려온다. 하지만 시어즈 일행은 발각되고 다리의 붕괴와 함께 니콜슨 대령도 죽음을 맞는다.

영화는 프랑스 작가 피에르 불이 쓴 같은 제목의 소설을 바탕으로 했다. 1942~1943년에 있었던 역사적인 버마 철도 건설을 주제로 한 것이다. 감독은 데이비드 린으로, 영화는 아카데미상 8개 부문 후보에 올라 작품상·남우주연상·감독상·각색상·촬영상·편집상·음악상 등 7개 부문을 수상했다. 특히 음악이 유명한데 '보기 대령의 행진(Colonel Bogey March)'으로 잘 알려진 휘파람 곡이 크게 히트했다. 영화 시작, 니콜슨 대령의 부대가 수용소로 입장할 때와 후반 완성된 다리 위를 영국군이 행진하면서 불러 인상적인 영화 화면을 만들어 냈다. 영화는 '문화적으로, 역사적으로, 미학적으로 중대한' 작품으로 인정받아, 미국 의회도서관 국립 영화 보관소에 보존됐다.

영화에는 군인으로서 명예와 장교의 기품을 잃지 않으려는 니콜슨 대령 외에도, "살아남은 게 중요해"라며 삶에 대한 강한 애착을 보이다가 결국엔 임무를 위해 희생하는 미군 시어즈 소령과, 국가적인 임무를 완수하기 위해 포로에게 자존심을 버리고, 할복까지 결심하는 일본군 수용소장 사이토 대령이 나온다.

이 세 인물 중 어느 군인의 모습이 훌륭한가는 단정적으로 말할 순 없지만 자신의 방식대로 국가에 헌신하는 모습은 다 감동적이다. 비록 아군과 적군으로 나뉘어 싸울 수밖에 없는 운명이지만 무릇 군인은 나라와 국민을 위해 명령에 죽고 산다는 특수성을 공통으로 갖고 있기 때문일 것이다.

�֎이미테이션 게임 ֎
The Imitation Game

감독 | 모튼 틸덤 출연 | 베네딕트 컴버배치, 키이라 나이틀리 2014년

"우린 연합국의 승리를 도왔지만 아무도 몰랐다.

우리 정보 없이는 모두 불가능한 승리였다.

하지만 우리에게 전쟁이란

그저 남부 작은 마을에 모여 퍼즐을 푸는 것이었다."

독일군의 암호체계를 푼 천재 수학자 튜링이 2차 대전을 회상하며 하는 말.

2차 대전 최고의 비화, 난 후방에서 퍼즐만 풀었을 뿐이다

암호는 전쟁에서 중요한 전략적 자원이다. 극비의 명령을 전달할 때 적들이 알아볼 수 없도록 글자를 변형하거나 특정의 규약에 따라 단어를 나열하는 등의 방법으로 적에게 치명타를 입히거나 공격을 피하는 것이 목적이다. 역사적으로 볼 때 암호를 지키려는 측과 풀어내려는 측의 전쟁은 총칼을 들고 싸우는 전투 못지않게 치열했고, 그 결과에 따른 승패는 국가의 명운까지 좌우했다.

영화 〈이미테이션 게임〉은 2차 대전 때 독일의 암호 체계인 에니그마(Enigma)를 풀어 전쟁을 승리로 이끌어낸 연합국 암호 해독팀 이야기다. 숨겨진 2차 대전의 비화(秘話)다. 영국의 천재 수학자 앨런 튜링(Alan Turing, 1912~1954년)과 암호 해독팀이 독일군의 암호 체계를 풀어 노르망디 상륙작전, 아르덴 전투, 스탈린그라드 전투를 승리로 이끌었고 1,400만 명의 목숨을 구한 이야기다. 1943년 연합군이 고전을 면치 못하는 가운데 앨런 튜링을 포함한 수학 천재들이 런던 근교에서 1,800개의 진공관을 활용한 암호 해독 기계인 콜로서스(Colossus)를 발명해 전쟁에서 승기를 잡는다는 것이다. 이 기계는 비록 암호 해독이라는 특수 용도로만 쓰였지만, 세계 최초의 컴퓨터로 알려진 에니악(ENIAC)보다 앞서는 컴퓨터의 기원으로 꼽히기도 한다.

영화는 해독이 불가능한 독일군의 암호 '에니그마' 때문에 속수무책으로 당하기만 하는 연합군이 수학자, 체스우승자, 언어학자 등 각 분야의 수재들을 모아 암호 해독팀을 꾸리는 데서 시작한다. 이중 영국의 천재 수학자 앨런 튜링(베네딕트 컴버배치)은 동료들과 불화 속에서도 암호 해독을 위한 특별한 기계인 콜로서스를 발명한다. 여기에 또 다른 천재 수학자 조안(키이라 나이틀리)까지 합세하면서 암호해독에 가속도가 붙는다. 하지만 24시간마다 바뀌는 독일군의 완벽한 암호 체계 때문에 번번이 좌절한다. 그러던 중 공통으로 반복된 단어들로 낯선 독일 남자와 무전 통화한다는 조안 친구의 말에서 해결 실마리를 잡은 앨런은 마침내 암호해독에 성공한다. 그러나 암호해독에 성공했다는 사실 자체를 숨기려고 일부러 독일군의 침공을 허용하는 아이러니한 상황이 된다. 팀원들의 고민은 깊어가지만, 연합군 수뇌부는 암호해독을 이용해 독일군의 공격을 무력화시킨다.

영화에선 전투장면은 거의 없고, 후방 영국 근교에서 암호를 푸는 수학자 앨런 튜링을 중심으로 전개된다. 그는 대개의 천재가 그렇듯이 외골수다. 하나의 목표가 생기면 집요하게 파고드는 성격이다. 다른 동료들과 소통도 서투르다. 그는 "암호학이 말하기와 뭐가 달라? 사람들은 말할 때 말 속에 다른 의도를 숨기곤 그걸 알아듣길 바라. 난 안 그러거든. (말하기는) 나한텐 (암호 풀이와) 다를 바 없어"라며 동료 간의 소통이 암호 풀기보다 더 어렵다고 말한다. 이런 행동은 오해를 낳기도 한다. 그는 문제해결에 도움이 된다면 돈에 상관없이 밀어붙이고, 남녀구분도 없다. 그뿐만 아니라 명령체계를 무시하고 처칠 수상에게 직접 편지를 쓰기도 한다. 하지만 그는 오로지 암호를 풀겠다는 일념 하나로 결국 암호해독에 성공해 큰 공을 세운 전쟁영웅이 된다. 영화에서 반복적으로 나오는 "생각지도 못한 누군가가 누구도 생각지 못한 일을 해낸다"라는 대사는 영화의 메시지를 압축적으로 표현하고 있다. 실존 인물 앨런 튜링은 뛰어난 두뇌를 가진 수학자였으나 성격적 결함, 당시엔 '이상한 병'으로 간주했던 동성애자로 비극적인 삶을 살았다. 조안 역시 탁월한 암호 해독 능력을 지녔으나 여성이라는 이유로 사회로부터 무시 받았다. 그녀는 대학 졸업 당시 두 과목에서 최고 득점자였음에도 불구하고, 여성에겐 학위를 줄 수 없다는 당시 학교 방침으로 학위를 받을 수 없었다.

영화는 이런 '루저(Loser)'임에도 불구하고 일에 대한 열정과 천재적인 능력과 추진력으로 인간 승리한 평범한 영웅들을 재조명하고 있다. 영화는 천재 수학자 앨런 튜링 일대기를 그린 작품으로도 보이는데, 감독은 노르웨이 출신의 모튼 틸덤이고, 영화 〈닥터 스트레인저〉〈셜록 홈즈〉에 출연한 베네딕트 컴버배치와 여배우 키이라 나이틀리가 나와 개성 있는 연기를 보여준다. 베네딕트 컴버배치의 섬세한 연기가 인상적이다.

영화는 전쟁의 이면사(裏面史)를 잘 보여준다. 앨런 튜링과 그의 암호 해독팀이 뛰어난 업적에도 세상에 알려지지 못한 것은 극비작전에 참여했기 때문이다. 그들은 최전선에서 총을 들고 전투를 한 것이 아니다. 후방에서 수학 미적분을, 퍼즐을 풀고 있을 뿐이었다. 하지만 그 덕분에 노르망디 상륙작전, 아르덴 전투, 스탈린그라드 전투 등에서 연합국이 승리한 것이다. "우린 연합국의 승리를 도왔지만 아무도 몰랐다. 우리 정보 없이는 모두 불가능한 승리였다. 하지만 우리에게 전쟁이란 그저 남부 작은 마을에 모여 퍼즐을 푸는 것이었다." 전쟁에서 눈에 보이는 서사적인 전투뿐만이 아니라 정보전도 중요하다는 얘기다.

✖ 라이언 일병 구하기 ✖
Saving Private Ryan

감독 | 스티븐 스필버그 출연 | 톰 행크스, 에드워드 번즈, 톰 시즈모어 1998년

> "라이언이 그럴 가치가 있는 사람이기를 바라야지.
> 고향에서 사람들의 병을 고쳐주거나
> 수명이 긴 전구를 만든다거나 말이야."

'1명을 구하기 위해 왜 8명이 위험을 감수하느냐'는 부하들의 질문에
밀러 대위가 하는 말.

국가의 정의는 공리주의보다 앞선다

미국 아이오와주에 사는 한 노모는 아들 4형제 모두를 군에 보냈다. 2차 대전이 종전으로 치달을 무렵이다. 그런데 불행하게도 이들 네 명 가운데 셋이 전사했다. 막내 한 명만 살아남았다. 이름은 제임스 라이언(맷 데이먼). 계급은 일병. 미 행정부는 이 막내 사병을 노모의 품으로 돌려보내기로 하고 수소문 끝에 그가 프랑스 전선에 생존해 있음을 알아낸다. 국가가 국민에게 할 수 있는 최소한의 책무를 다하려는 것이다. 마침내 밀러 대위(톰 행크스)가 이끄는 선발대는 우여곡절 끝에 최전선에서 어렵사리 라이언 일병을 찾아낸다. 하지만 라이언은 전우를 사

지에 남겨두고 혼자 집으로 돌아갈 수 없다고 버틴다. 국민 된 도리와 군인으로서 의무를 다하겠다는 것이다. 하는 수 없이 밀러 대위 선발대는 라이언 일병과 함께 싸우기로 한다. 마침내 밀러 선발대는 최후의 전선에서 라이언을 구해 집으로 보내는 데 성공한다. 하지만 8명 중 밀러 대위 등 6명이 희생된다.

영화 〈라이언 일병 구하기〉는 밀러 대위를 포함, 8명의 병사가 라이언 일병을 구해 집으로 보낸다는 이야기다. 영화는 국가의 존재 이유와 도덕성, 조국애 등을 사실적이고 박진감 있는 전투 장면과 함께 잘 풀어내, 30년이 지난 지금까지도 널리 회자되는 전쟁 영화가 됐다. 영화는 국가가 국민을 어떻게 섬겨야 하는지와, 국민은 국가를 위해 어떻게 의무를 다해야 하는지를 보여준다.

영화 속 대원들은 "1명의 목숨을 구하기 위해 8명이 위험을 감수해야 하느냐"고 묻는다. 대원들은 "짚더미 속에서 바늘 찾기" "재원 낭비"라는 볼멘소리를 내며 과연 라이언 일병 1명의 생명이 우리 8명의 생명보다 더 가치가 있는 것인지를 끊임없이 묻는다. 이에 대해 밀러 대위는 "라이언이 그럴 가치가 있는 사람이기를 바라야지. 고향에서 사람들의 병을 고쳐주거나 수명이 긴 전구를 만든다거나 말이야"라고 답한다. 한 사람을 구하기 위해 다수의 희생도 불사한다는 공리주의(功利主義) 딜레마 이전에 국가가 해야 할 정의의 문제이기 때문이다.

영화는 또한 실전 경험이 전혀 없는 실수 연발의 통역병 업

영화 〈라이언 일병 구하기〉

햄의 성장을 통해 전쟁의 냉혹함을 일깨워 준다. "자네 견딜 만
해?"하는 밀러 대위의 걱정스러운 말에 업햄은 "전쟁은 감성을
교육하고, 작전 수행은 육체를 완벽하게 만들고, 사람과 사람이
충돌하는 위기의 순간은 자신을 되돌아보게 한다"라는 미국 시
인이자 신비적 이상주의 사상가 에머슨의 글을 인용해 자신의
건재함을 표현한다. 영화 종반 들어 업햄은 점차 결단력 있는
군인으로 성장해 간다. 업햄은 제네바 협정을 지켜 포로인 독일
군을 살려주지만 그가 동료들을 죽이자 영화 종반 결국 그를 향
해 방아쇠를 당긴다.

영화는 편지를 중요한 영화적 장치로 활용하고 있는데, 8명
의 병사 중 첫 번째 희생자인 카파조가 아버지에게 쓴 편지는

두 번째 희생자 위생병 웨이드를 거쳐 밀러 대위에게, 다시 최후의 생존자인 레이번에게 전달된다. 이 같은 편지의 릴레이는 조지 C. 마셜 장군이 라이언 어머니에게 보낸 편지와 같은 맥락 속에 있다. 이 편지는 겉으론 전방과 후방의 교신이지만, 내용인즉슨 국가와 국민의 유대요, 소통의 메타포다. 국민의 생명을 구하는 국가의 가장 정의로운 방식인 것이다.

이 같은 국가의 정의는 영화의 엔딩, 밀러가 전장에서 숨을 거두는 모습 위로, 라이언 일병을 찾아 고향으로 귀환시키라고 명령한 마셜 장군이 라이언 어머니에게 보낸 편지에서 잘 표현된다.

"친애하는 라이언 부인. 제임스 라이언 일병이 건강하며, 지금 유럽 전선에서 집으로 가고 있다는 소식을 즐거운 마음으로 전합니다. 제임스는 가족을 잃었다는 슬픈 소식을 듣고도 용감하고도 헌신적으로 전방에서의 임무를 완수했습니다. (…) 이렇게 사랑하는 아들을 보내드린다고 해서 사랑하는 가족을 잃은 귀하의 가정과 수많은 가정들에 결코 슬픔을 보상할 수 없겠지요." 마셜 장군은 이어 링컨 대통령의 말을 인용한다. "저는 사랑하는 아드님의 기억들을 고이 간직하시며, 자유를 위한 제단에서의 대가인 희생에 대해 엄숙한 긍지를 갖고 계시기를 기도하겠습니다."

〈라이언 일병 구하기〉의 가장 인상 깊은 전투 장면은 영화의 시작, 오마하 상륙장면이다. 총탄에 맞은 미군들의 흘린 피로 해변이 핏빛으로 변해 '피의 오마하'로 불리는 이 장면은 수많은 전쟁영화 가운데서도 단연 백미로 평가받고 있다. 1944년 6월 6일, 노르망디 상륙 작전. 오마하 해변으로 향하는 군용 상륙선 위 미군들의 표정은 공포와 불안감 그 자체이다. 뱃멀미로 정신이 혼미해진 병사, 상륙선의 문이 열리자마자 쏟아지는 총알 세례. 독일군의 총알은 정확히 미군들의 머리에, 가슴에, 복부에 명중하고, 집요하게 퍼붓는 총알은 물속으로 숨은 병사마저 따라잡고, 어느새 바닷물은 핏빛으로 물들어간다. 배 밖으로 나온 내장을 움켜잡고 엄마를 외치는 병사, 떨어져 나간 팔을 찾는 병사, 상반신만 남은 전우의 시체를 끌고 가는 병사들…. 지옥 같은 이 해변에서, 살아남은 병사들은 난사하는 독일의 기관총을 뚫고 돌진한다. 아직 '라이언 일병 구하기' 임무는 시작되지도 않았지만, 이 첫 전투 장면만으로도 영화는 '전쟁영화의 걸작'으로 부르는 데 부족함이 없어 보인다. 이렇게 해서 영화는 초반에 관객의 시선을 잡는 데 성공한다. 성조기로 시작해 성조기로 끝나는 너무나도 미국적인 영화임에도 감동을 주는 이유는 조국애, 전우애 등 보편적인 휴머니티를 느낄 수 있었기 때문이다.

이렇듯 감독 스필버그는 다소 순진하지만 진지한 그만의 인본주의를 통해 참혹한 전쟁 상황에도 발휘되는 뜨거운 인류애를 성공적으로 보여준다. 스필버그는 이 영화로 두 번째 아카데미 감독상을 받았다.

노르망디 상륙작전(Normandy Invasion)은 미·영 연합군이 독일 본토를 공격할 수 있는 발판을 마련한 작전이었다. 연합국은 같은 해 8월 25일 프랑스 파리를 탈환했고 이어 독일군 심장부까지 진격해 들어가 승리했다. 당시 미·영 연합국은 프랑스 노르망디 해안을 유타, 오마하, 골드, 주노, 소드 등 5곳으로 나뉘어 공격했다. 그중 4곳은 비교적 쉽게 상륙했지만, 오마하 해변으로 상륙하던 미군은 독일군의 거센 저항에 부딪혀 피해가 컸다. 이 해변에서만 약 3,000여 명의 사상자를 냈다. 그래서 '피의 오마하'로 불린다.

✖ 작전명 발키리 Valkyrie ✖

감독 | 브라이언 싱어 출연 | 톰 크루즈 2008년

"행동하지 않고는 결과 또한 없습니다!"

히틀러의 암살을 망설이던 올브리히트 장군에게 슈타펜버그 대령이 외치던 말.

히틀러를 암살하라

전쟁광은 아군뿐만 아니라 적군 내부에서조차 제거 대상이다. 전 세계는 물론 자국민을 살생, 기아, 폭력, 공포의 소용돌이 속으로 몰아넣기 때문이다. 인류 전쟁사를 통틀어 전쟁광 중 전쟁광은 나치의 히틀러일 것이다. 유대인 대량 학살로 악명이 높은 히틀러 역시 독일을 진정으로 사랑하는 반나치 독일 장교들의 제거 대상이었다. 2차 대전 당시 뜻있는 반나치 장교들은 무려 40회 이상 암살을 시도했다. 1921년에 독일 뮌헨 맥줏집에서 히틀러를 향한 두 발의 총탄부터 1945년 군수 장관 알베르트 슈페어가 베를린 벙커의 환기통으로 독가스를 주입하려던 음모까지 히틀러는 통치 내내 암살의 표적이었다.

이 중 가장 유명한 것이 1944년 7월 20일에 클라우스 폰 슈타펜버그 대령이 주도한 암살 사건이다. 슈타펜버그는 백작 작위의 집안 출신이었고 그의 아버지는 프로이센 제국의 마지막 시종장이었다. 바른 성품과 탁월한 능력을 갖춘 그는 사건 당일 이 작전을 계획한 사령관 프레드리히 프롬 장군의 참모로서 히틀러를 암살하기 위해 직접 '늑대굴'이라 불리는 히틀러가 있는 작전 사령부로 폭탄을 가지고 간 주역이었다.

이 실화를 영상에 옮긴 영화가 〈작전명 발키리(Valkyrie)〉다. '발키리'는 바그너의 음악극 '니벨룽의 반지'에 나오는 신의 딸들 이름이다. 영화는 주인공 독일군 슈타펜버그 대령(톰 크루즈)의 동선을 따라 진행된다. 그는 북아프리카 전선에서 폭탄을 맞아 오른팔과 왼쪽 손가락 2개를 절단하고, 눈 하나를 잃은 장애 군인. 군은 그에게 제대를 권했지만, 그는 이를 거부하고 예비군 참모가 된다. 강직한 성품의 그는 독일을 포함한 유럽 전체가 히틀러라는 미치광이에 의해 파괴되는 것을 더는 볼 수 없었다. 그래서 뜻이 맞는 동료들과 손을 잡고 히틀러를 암살할 계획을 세운다. 히틀러 제거 방법을 놓고 고심하던 슈타펜버그는 집안에서 아이들이 바그너의 음악극 '니벨룽의 반지'에 나오는 '발키리의 기행'을 틀어놓고 전쟁놀이를 하는 것을 보고 아이디어를 떠올린다. 히틀러가 베를린이 비상사태에 빠지게 될 경우를 대비해 만들어 놓은 비상 작전 발키리 작전을 역이용해 히틀러를 암살한다는 것이다.

영화는 거사 당일 1944년 7월 20일을 시간대별로 쪼개 보여준다. 부관과 함께 철통같은 세 개의 검문소를 무사히 통과, 늑대굴로 들어간 슈타펜버그 대령은 도착하자마자 날씨가 더워 회의 장소가 바뀌었다는 말을 듣는다. 이때가 12시 32분. 폭탄은 10분 후에 터진다. 12시 36분, 회의실로 들어가기 직전, 슈타펜버그는 전화 교환수에게 베를린으로부터 급한 전화가 올 예정이니 오는 즉시 알려 달라고 부탁한다. 중간에 회의실을 빠져나오기 위해 미리 구실을 만들어놓은 것이다.

작전실. 히틀러를 비롯한 수뇌부가 동부전선과 이탈리아 전선 상황에 대해 브리핑을 하고 있다. 폭탄이 든 가방을 히틀러와 가까운 곳에 놓기 위해 슈타펜버그는 안내자에게 청력이 좋지 않으니 총통과 가까운 자리로 안내해 달라고 한다. 5분 후면 폭탄이 터진다. 바로 그때 슈타펜버그 대령에게 전화가 왔다고 누군가 알려주고 그는 전화를 받는다는 핑계로 회의실을 빠져나온다. 순간 터지는 폭탄. 현장은 아수라장이다. 다수의 수뇌부가 사망하지만, 히틀러는 가벼운 상처만 입는다.

전쟁영화지만 드물게 스릴러 형식을 취하고 있는 영화는 〈유주얼 서스펙트〉〈엑스맨〉〈수퍼맨 리턴즈〉로 유명한 브라이언 싱어 감독이 메가폰을 잡았다. 영화는 서류 가방으로 위장한 시간폭탄을 들고 히틀러가 있는 늑대굴을 통과하며 벌어지는 서스펜스를 이용, 극적인 긴장감을 높여 스릴러 영화의 전형을 보여준다. 브라이언 싱어 감독 특유의 스릴감 넘치는 연출력으로 마치 암살 작전이 성공한 것처럼 느껴진다.

✕ 퓨리 Fury ✕

감독 | 데이비드 에이어 출연 | 브래드 피트, 로건 레먼 2014년

"이상은 평화롭지만, 역사는 폭력적이지."

전차장 워대디가 독일 마을을 점령한 뒤
나치 간부들의 자살파티를 보고 부하 로만에게 하는 말.

나치의 광기와 맞선 마지막 '예수'의 탱크

2차 대전 막바지, 나치 정권의 총력전에도 불구하고 연합군의 노르망디 상륙(1944년 6월 6일)을 기점으로 서부 전선이 급격히 붕괴하면서 독일군은 모든 전선에서 패퇴를 거듭했다. 1945년 3월, 연합군은 라인강을 건너 베를린을 향해 진격했고, 3월 말에는 소련군이 오스트리아 국경선을 넘었다. 한 달 후엔 이탈리아의 독일군이 연합군에 항복했다.

1945년 4월 30일, 히틀러가 부인 에바 브라운과 함께 자살했다. 다음날 나치 선전가 괴벨스도 가족과 함께 자살했다. 1945년 5월 8일, 독일은 마침내 항복했다. 이로써 5년 251일 간의 전쟁은 끝났고 제3 제국도 붕괴했다. 2차 대전으로 5,000만 명이 희생됐다.

영화 〈퓨리〉는 히틀러가 자살한 45년 4월, 전쟁 막바지를 배경으로 패망 직전의 독일군을 상대로 치열한 공방전을 벌이는 한 미군 전차부대의 악전고투를 그리고 있다. 아군의 공격로를 확보하기 위해 독일 본토 깊숙이 들어간 전차 병사들의 처절한 사투를 담고 있다. 영화 제목 '퓨리(Fury, 분노)'는 미군 5명이 탄 M4 셔먼 탱크의 이름이다. 영화는 험난한 전차의 여정을 그리고 있는데, 아프리카 전선에서부터 여러 차례 죽음의 고비를 넘긴 퓨리 전차의 전차장 등 5명 중 새내기 한 명 빼곤 전차병 모두가 전사한다는 이야기다.

1945년 4월, 연합군은 독일의 심장부를 점령해 간다. 연합군의 공격로를 확보하라는 명령을 받은 전차부대 대장 워대디(브래드 피트)는 독일 마을을 차례로 접수해 간다. 하지만 부하 전차병들은 지칠 대로 지쳐있고 지원군이라고 온 사람은 입대 8주의 사무 행정이 주특기인 신병 로만(로건 레먼)이다. 퓨리 전차 일행은 최후의 발악을 하는 독일군과 공방전 끝에 한 마을을 점령한다. 워대디와 신참 로만은 수색 중 여자 둘이 사는 독일인 집에 들어가 오랜만에 제대로 된 식사를 하려 하지만 뒤늦게 또 다른 부하 전차병들이 합석하면서 분위기가 험악해진다.

이어 공격 명령이 떨어지고 퓨리 전차 일행은 서둘러 다시 적진으로 향한다. 하지만 탱크 퓨리는 지뢰를 밟아 서게 되고, 워대디와 4명의 전차병은 교차로에서 SS 친위대 300명과 마지막 일전을 치른다.

영화는 전장의 참혹한 현장을 사실적으로 보여주면서 지옥도를 연상케 한다. 입구엔 '나는 독일 국민인데 싸우길 거부했다'라는 팻말을 목에 건 시체들을 줄지어 매달아 놓았고, 마을 안에선 연합국과 독일군 가릴 것 없이 즉결총살, 여성 희롱 등 전쟁의 한복판에서 벌어지는 무자비한 장면들을 그대로 보여준다.

영화에선 철학적이거나 기독교적인 대사들이 적지 않다. 독일 마을을 점령한 워대디는 한 건물에서 마지막 파티를 벌인 후 집단 자살한 독일군 수뇌부들의 죽음현장을 보고 "이상은 평화롭지만, 현실은 폭력적이다(Ideals are peaceful, history is violent)"고 신참 로만에게 말하며 전쟁의 광기를 비판한다. 퓨리 전차병들은 일상적으로 욕설과 거친 말을 해대지만, 성경의 문구나 기도문을 자주 언급한다. 전투에 익숙해지면서 진정한 전우가 되는 것을 '세례를 받았다'라고 하는 식이다. 카메라는 전차가 교차로에서 벌인 전투장면을 공중에서 부감(俯瞰)으로 보여주는데, 전차가 기독교 십자가를 연상시키며 고통, 희생, 안식, 평화를 은유하는 듯하다.

영화에서 가장 인상적인 장면은 점령지 한 독일 여자 집에서의 식사장면이다. 전쟁영화에서 가정 안에서의 식사장면을 비중 있게 보여주는 것은 매우 드문 경우인데, 워대디와 로먼, 독일 여자 엠마와 그녀의 이모가 하는 식사 자리에 다른 부하 전차병들이 끼어들면서 벌어지는 유치하고 비열한 몸싸움은 전투장면 이상의 긴장감과 살기가 있다. 이 자리에서 부하 전차병들은 온종일 말(馬)들을 도살한 사실을 털어놓으며 자신들의 거칠고 막가는 행동이 오랜 전투에서 살아남은 트라우마에서 연유했음을 알려준다.

또 다른 하나는 미군의 셔먼 탱크와 독일의 티거 탱크 간 전투장면이다. 여타의 보병 중심의 전쟁영화와는 달리, 들판에서 포를 쏘면서 전속력으로 돌진하며 벌이는 전차 간의 전투가 압권이다. 실제로 셔먼 탱크는 미군으로서는 처음으로 360도 선회포탑에 75mm급 중포를 얹은 전차이며, 장갑과 화력, 기동성이 우수한 전차이지만 독일 티거 탱크보단 열등했다. 장갑이 두꺼운 티거 탱크를 1대 잡을 때 셔먼 탱크 3대가 터져야 한다는 소리가 있을 정도로 티거 탱크는 공포의 대상이었다. 영화에서도 4대1의 대결에서 티거 탱크가 미군의 셔먼 탱크 3대를 격파한다.

퓨리의 전차장, 워대디 역을 맡은 브래드 피트의 연기도 인상적이다. 짧은 헤어스타일로 남성미를 강조하고, 흙과 그을음으로 거뭇해진 얼굴에 전쟁의 고단함을 그대로 담아내고 있다.

워대디는 아프리카에서부터 유럽까지 전선을 누빈 조지 S. 패튼 휘하 제2기갑사단 소속 베테랑 전차장 중 한 명이다. 겉으론 거침없고 터프한 전차장으로 행동하지만, 속으론 동료들을 잃은 깊은 슬픔과 트라우마 때문에 혼자 괴로워하는 성격의 소유자다. 하지만 거친 말과 행동과는 달리, 독일어를 구사한다거나 성경 구절을 외우고 있는걸 봐선 사회에서 일정 수준의 교육을 받은 지식인처럼 보인다. 그는 영화 말미, 전차가 고장 나 움직일 수 없게 되자 피하자는 부하 대원들의 말에 탱크를 치면서 "이것이 내 집이다(It's my home)"라며 최후 전투를 벌인다.

✖소피의 선택 Sophie's Choice ✖

감독 | 앨런 J. 파큘라 출연 | 메릴 스트립, 케빈 클라인 1982년

"선택할 수 없어요!(Don't make me choose!)"

"두 아이 중 하나는 데려가도 좋아. 하지만 하나는 죽어야 해"라며
자식 중 하나만을 선택하라는 독일군의 말에 하는 소피의 절규.

자식 잃은 아픔은 결국 엄마를 죽게 한다

두 명의 어린 자식이 있다. 그중 한 명만 살릴 수 있다면 어떤 아이를 선택해야 할까? 바꿔 말해 누구를 포기해야 할까? 부모의 입장에서 둘 중 하나를 선택할 수는 있는 것일까? 이것이 문명사회에서 가능한 일일까? 불가능하지 않을까? 그러나 정말로 아들이든 딸이든 한 명만 살릴 수 있다면 어떤 자식을 포기해야 하는 것일까?

영화 〈소피의 선택〉은 이 같은 '잔인한 선택'을 강요받은 어머니에 대한 이야기다. 소피는 2차 대전 때 유대인 집단수용소 아우슈비츠에 어린 남매와 함께 수용된 채, 죽음을 목전에 둔 여자다. 소피는 어린 남매만큼은 살리고 싶다는 생각에 나치 장

교에게 애원한다.

"폴란드인이에요. 크라카우 출신이고요. 유대인도 아니고
요. 아이들도 기독교 신자예요."

"공산당이 아니야? 신자라고?"

"예, 그리스도를 믿어요."

"그리스도를 믿는다? 예수께선 어린아이들을 내게 오라고
하지 않으셨지. 한 아이는 데려가도 좋다."

"뭐라고 하셨어요?"

"두 아이 중 하나는 데려가도 좋아. 하지만 하나는 죽어야
해."

"나보고 선택하라고요?"

"그래. 유대인이 아니라 폴란드인이니까 봐주는 거야."

"선택할 수 없어요. 그렇게는 못 해요!"

소피가 계속 거부하자 독일군이 아이 둘 모두를 데려가려고
한다. 순간 소피는 얼떨결에 "딸아이를 데려가요!"라며 소리친
다.

영화는 2차 대전 중 히틀러의 유대인 말살 정책으로 부모,
남편, 자식들을 잃은 한 여자의 기구한 운명을 그렸다. 전쟁 중
자식들을 지키지 못했다는 죄의식, 후회와 절망감에 시름 하는
모성이 보는 이의 가슴을 먹먹하게 한다. 많은 유대인 학살을

주제로 한 영화 가운데서도 전쟁의 잔인함과 비극성을 감동적
으로 표현한 수작(秀作)이다.

영화는 2차 대전 종전 직후인 1947년 미국 브루클린을 배
경으로, 작가 지망생 스팅고(피터 맥니콜)가 미국에 이민 온 소
피(메릴 스트립)와 동거남 유대인 네이단(케빈 클라인)과 같은
집에서 지내면서 시작한다. 소피는 네이단의 변덕스러운 성격
으로 힘들어하면서도 그에게 매달린다. 네이단은 평소 소피에
게 그렇게 잘할 수가 없다가도 순간 마음이 바뀌는 정신이상자
다. 스팅고는 은근히 소피를 사랑한다. 그러던 중, 성질이 폭발
해 네이단이 집을 나간 날 소피로부터 지난 유대인 수용소에서
겪었던 악몽 같은 가족사를 듣게 된다.

폴란드에서 살았던 소피의 아버지는 유대인 몰살을 제안했
던 교수였다. 그런 정치적인 입장에도 불구하고 소피의 아버지
와, 아버지의 제자였던 남편은 나치에게 총살당했다. 소피 또한
폐병에 걸린 어머니를 위해 암시장서 쇠고기를 몰래 샀다는 이
유로 아우슈비츠로 보내진다.

수용소에서 두 아이를 데리고 온 소피를 보고 한 독일 장교
가 아리안 전형의 흰 피부와 금발을 가졌다며 추근댄다. 독일
장교는 아이들만이라도 살려달라는 소피에게 아이들 중 한 명
만을 살려주겠다고 말한다. 딴에는 선심을 쓴 것이다. 결국 소
피는 얼떨결에 딸을 포기해 버리고 만다. 독일 병사에게 잡혀
울며 멀어지는 딸을 보며 소피는 오열한다.

영화는 나치에 의해 온 가족이 희생된 주인공이 나치를 피해 미국으로 왔지만 그 정신적 고통을 이겨내지 못하고 죽음을 택할 수밖에 없었던 고통스러운 심정을 잘 그려내고 있다. 홀로코스트라 불리는 유대인 대학살에서 가족을 지킨 아버지의 이야기 〈인생은 아름다워〉, 아우슈비츠에 끌려가는 유대인들을 구출하는 〈쉰들러 리스트〉를 능가하는 전쟁의 메시지를 주며 가족의 소중함을 일깨워준다.

영화는 전쟁터에서 우발적, 충동적으로 벌어진 다른 전쟁의 학살과는 달리, 홀로코스트가 민간인을 대상으로 매우 계획적이고 체계화되고, 그것도 그 유례를 찾아볼 수 없을 정도로 잔인했다는 것을 고발한다. 무엇보다 학살자체 즉 인종 말살이 목적이었다는 것을 소피를 통해 비판한다. 나치는 유대인의 정치 및 사회적 권리박탈 – 경제적 권리박탈 – 인종말살정책 순으로 점차 강도를 높여가며 탄압해 갔다.

소피역의 메릴 스트립은 자식들을 잃은 아픔을 처절하고 섬세하게 연기해, 1983년 아카데미 여우주연상을 받았다. 감독은 워터게이트 특종 보도를 다룬 영화 〈대통령의 사람들(All The President's Men)〉을 연출한 앨런 J. 파큘라.

전쟁의 상흔은 치명적이다. 그 고통은 길고 상처는 깊다. 주인공 소피는 결국 전쟁의 아픔을 극복하지 못하고 자살한다. 영화의 끝부분, 침대 위에 누워있는 소피와 네이단의 모습은 평화롭고 아름답다. 뒤늦게 달려온 스팅고는 두 사람 베개 옆으로 놓인 에밀리 디킨슨의 시집을 펼쳐 보인다.

쓸쓸한 침상 위에
찬란한 빛이 비치게 하라.
심판의 새벽이 올 때까지
이 빛나는 아침
이불깃 똑바로 접고
베개도 두둑이 하여
아침 햇살 외 그 어떤 것도
감히 훼방 놓지 못하게

소피는 엄마로서 자식들에 대한 씻을 수 없는 죄의식을 영면을 통해 용서를 빌었다.

착한 전쟁은 없다. 전쟁의 광기는 인정사정이 없다. 유대인 학살이 그랬다. 전쟁 후 인류는 반성했다. 하지만 그 이후에도 인종청소는 계속됐다. 종교의 이름으로, 이념과 민족을 명분 삼아…. 아마도 미래 역시 크게 달라질 것 같지 않다. 평화는 저절로 오지 않는다.

4장

냉전, 동서 전쟁

이념의 반성

냉전, 동서 전쟁 – 이념의 반성

〈K-19 위도우메이커〉 과부 제조기 핵잠수함을 폐기하라

〈풀 메탈 자켓〉 살인병기 제조창으로 풍자된 미 신병훈련소

〈플래툰〉 베트남전의 고해성사

〈지옥의 묵시록〉 베트남전의 공포를 찾아 나선 로드무비

〈디어 헌터〉 사슴사냥의 우정도 날려버린 러시안룰렛게임

〈람보〉 전쟁의 영웅, 귀환해 바보 되다

〈킬링 필드〉 아이들 손으로 자행되는 인종청소의 비극

'25년 동안 이 이야기를 밝힐 수 없었다.
1961년, 소련은 세계를 2번이나
파괴할 수 있는 핵무기를 보유하고 있었고,
미국은 세계를 10번이나 파괴할 수 있는
핵무기를 보유하고 있었다.'

- 영화 <K-19 위도우메이커>의 프롤로그 위로 뜨는 글.

2차 대전 이후 세계는 자본주의와 공산주의로 나뉘었다. 미국을 비롯한 서유럽 국가들의 자유 민주주의 진영과 소련 중공 등 사회주의 국가가 대치했다. 하지만 양측은 직접적인 군사적인 침략 행위는 하지 않고 정치·외교·이념 분야에서 대립과 잠재적인 군사적 위협만 드러냈다. 적대적인 상태가 존재하지만 군사적인 침략 행위는 없는 이른바 냉전(冷戰) 시대였다. 구체적으로 미국은 1948년 마셜 계획, 1949년 북대서양 조약 기구(NATO)를 결성했고 이에 맞서 소련 측도 바르샤바 조약 기구(WTO)를 결성, 서방측과 대치했다.

미·소 양대 진영 간의 냉전은 점점 격화돼 갔다. 1949년 중국공산당이 내전에서 승리, 중화인민공화국을 수립했고 한반도의 분단도 점점 고착화돼 갔다. 이 기간 미국과 소련 등 강대국들은 핵무기 개발에 박차를 가했다. 1960년대 초 양 진영이 핵무기 개발에 한창일 때를 배경으로 한 영화가 캐서린 비글로우 감독의 〈K-19 위도우메이커〉다. 핵잠수함을 소재로 3차 대전 직전까지의 위기 상황을 그렸다.

냉전의 대표적인 전쟁 중 하나가 한국전쟁이다. 1950년 6월 25일 새벽 북한 공산군이 남북 군사분계선이던 38선 전역에 걸쳐 불법 남침해 일어났다. 미국의 아이젠하워 대통령은 한 국가가 공산 진영에 넘어가면 인접한 나라들도 차례로 무너진다는 도미노 이론을 내세워 전쟁에 개입했다(관련 영화는 6장, '한국 전쟁사―전쟁 너머 평화로' 참조).

한국전쟁에서 미국 등 자유 민주주의 진영은 선방했다. 하지만 또 다른 이념전쟁인 베트남전에선 패배했다. 1964년 통킹만 격침사건을 계기로 미국이 베트남 내전에 적극적으로 개입했지만 성과 없이 결국 철수했다. 이 전쟁은 한국, 타이, 필리핀, 오스트레일리아, 뉴질랜드, 중국 등이 참전한 국제적인 전쟁으로 변했으며, 미국이 캄보디아와 라오스 등으로 군사개입의 범위를 넓히면서 전장도 인도차이나 전역으로 확대됐다. 그러나 미 존슨 행정부는 군부와 정부 내 매파에 끌려 전쟁을 계속했다. 미국은 점점 베트남전의 수렁에 빠져들고 있었다.

북베트남이 결정적으로 승기를 잡은 전투가 1968년 베트콩의 구정공세(舊正攻勢)다. 베트콩은 이 전투에서 군사적으론 패배하지만 정치적으론 승리를 거뒀다. 이때를 배경으로 한 영화가 올리버 스톤 감독의 〈플래툰〉과 스탠리 큐브릭 감독의 〈풀 메탈 자켓〉이다. 〈플래툰〉은 전장에서 소대원간에 살상하는 하극상을 통해 전쟁의 참상을 고발했고, 살인 병기를 은유하는 〈풀 메탈 자켓(Full Metal Jacket, 자동화기용으로 만든 탄환)〉은 인간 살상에 대한 도덕적 회의와 전쟁 광기를 희화화했다. 이보다 먼저 만들어진 영화가 프란시스 F. 코폴라 감독의 〈지옥의 묵시록〉이다. 종전 직후 바로 영화가 제작된 예로, 매우 드문 경우다. 영화는 전체적으론 베트남전에 대해 자성(自省)의 태도를 보이면서 전쟁의 공포와 광기를 그렸다. 이들 3편 영화의 메시지는 전쟁의 공포와 반전이다.

미국은 1968년 대통령 선거에서 베트남전의 조기 종식을 공약으로 내건 공화당의 리처드 닉슨 후보를 당선시켰다. 닉슨 행정부는 1973년 1월 27일 남북 베트남 당사자와 종전 협정을 체결했다. 이어 1975년 4월 30일 남베트남 정부는 항복을 선언했고, 1976년 7월 2일 하노이를 수도로 하는 통일 베트남 사회주의 공화국이 정식 출범했다. 미국은 베트남전에서 미군 5만 8천 명이 전사했고, 30만 명이 부상당하는 피해를 보았다. 10년간 전쟁을 치르는 데 무려 2천억 달러(214조 2,000억 원)의 돈이 들었다. 그럼에도 불구하고 결과는 패배였다. 마이클 치미노 감독의 〈디어 헌터〉는 사이공 함락 직후 돌아오지 못한 친구를 찾아 다시 베트남으로 향한다는 이야기다. 참전용사들의 미국 사회복귀가 쉽지 않으리라는 것을 서정적이고 차분한 기조로

다뤘다. 테드 코체프 감독의 〈람보〉는 본격적으로 종전 후 참
전용사의 사회 적응을 주제로 했다.

베트남전은 종식됐지만 인도차이나의 캄보디아 내전은 계
속됐다. 크메르 루주 공산정권이 미국의 지원을 받은 론 놀 정
권을 제압하면서 집단 학살이 자행됐다. 이 내전을 다룬 영화가
롤랑 조페 감독의 〈킬링 필드〉다. 폴 포트 공산정권 지배 기간,
살인 등 만행을 미국인 기자의 시각으로 고발했다.

동서진영은 중국과 소련의 대립, 1970년 초 닉슨 독트린,
베트남 전쟁의 종결, 달러 위기로 인한 미국의 국제지위 약화,
제3세력의 대두로 세계가 다극화되면서 허물어져 갔다. 1990
년 9월 12일, 미국·소련·영국·프랑스 등 2차 대전 전승국들
이 '대(對) 독일 화해 조약'을 조인, 독일 통일을 인정해 동서 냉
전 체제는 사실상 막을 내렸다.

냉전 시대는 이념이 지배했다. 2차 대전 후의 세계는 이데
올로기에 함몰된 채 이념이 삶 그 자체인 시대였다. 이념을 위
해 전쟁을 했다. 수많은 인명이 희생됐으며 문명이 파괴됐다.
이념이란 것이 궁극적으론 인간의 존엄을 지켜주거나 보다 나
은 세상을 만들거나, 삶을 풍요롭게 하는 가치이며 수단인데도
불구하고 목적이 된 것이다. 이념 과잉에 대한 피해는 컸다. 더
구나 우리나라는 과도한 이념의 피해 당사국일 뿐만 아니라 지
금까지도 그것으로 고통 받는 지구상에서 유일한 국가이다.

✖ K-19 위도우메이커 ✖
K-19: The Widowmaker

감독 | 캐서린 비글로우 출연 | 해리슨 포드, 리암 니슨 2001년

**"영광스러운 게 무엇일까? 그들이 희생한 건 훈장을 위해서가 아니다.
단지 그때 거기에 있었고, 그것이 그들의 의무였기 때문이었다."**

늙은 알렉시 잠수함장이 전사자 묘비 앞에서 노병이 된 부하 승조원들에게 하는 말.

과부 제조기 핵잠수함을 폐기하라

핵(nuclear)은 두 개의 얼굴을 갖고 있다. 인류를 지구에서
영원히 사라지게 할 수도 있고, 인류 문명에 무한한 에너지를
제공할 수도 있다. 핵잠수함, 핵미사일, 핵폭탄 등은 치명적이
지만 핵을 사용한 원자력발전소, 원자력병원 등은 매우 경제적
이다. 현재 세계가 가진 핵은 지구 종말을 가져올 수 있을 만큼
매우 위협적이다. 하지만 역설적이게도 핵무기는 힘의 균형을
유지해주며 국제 질서를 바로잡아주고 있다. 세계 평화에 기여
하고 있는 것이다.

영화 〈K-19 위도우메이커〉는 소련 최초의 핵잠수함 K-19 승무원들의 이야기다. 미소 냉전이 한창이던 1961년 미국에 맞서 엄청난 핵무기를 비축하던 소련은 최초의 핵탄도 잠수함인 K-19를 완성한다. 이 잠수함은 '위도우메이커(widowmaker, 과부 제조기)'라는 별명이 붙을 정도로 많은 인명 피해와 어려움을 불러왔다. 실제로 20여 명의 잠수함 승무원이 방사능에 피폭되어 사망했다. 당시 소련은 미국의 'USS 조지 워싱턴(USS George Washington)호'에 대항해 자신들의 최초 핵잠수함 'K-19'호를 서둘러 제작했으나 안전에 하자가 많았다.

'25년 동안 이 이야기를 밝힐 수 없었다. 1961년, 소련은 세계를 2번이나 파괴할 수 있는 핵무기를 보유하고 있었고, 미국은 세계를 10번이나 파괴할 수 있는 핵무기를 보유하고 있었다'라는 문구로 시작하는 영화는 항해 도중 핵잠수함에서 벌어지는 위기상황을 대처하는 함장과 부함장의 대립을 통해 진정한 리더십과 조국애가 무엇인가를 그려내고 있다.

함장의 독단이 불러온 엄청난 재앙, 그리고 25년 만에 밝혀지는 K-19의 충격적 비밀을 담은 이야기가 감동적이다. 특히 핵잠수함을 소재로 한 영화답게 원자로 냉각기 고장으로 발생한 긴박한 상황과 그를 막기 위한 병사들의 필사적인 노력과 희생을 밀도 있게 그려내고 있다.

새로 부임해온 함장 알렉시(해리슨 포드)는 해이해 진 승무원의 기강을 잡기 위해 화재 발생 시 대비훈련, 최대 300m까지 하강하는 비상 잠수훈련을 한다. 하지만 이런 훈련은 알렉시가 오기 전 부함장 미카일(리암 니슨)의 지휘 스타일과는 전혀 다르다. 자율적이며 소통 가능한 방식에 익숙한 병사들의 불만이 점차 노골화된다. 이런 가운데 함장 알렉시는 미사일 시험 발사를 강행한다. 이어 북해 한가운데에서 원자로 냉각기가 고장 나는 사태가 발생한다. 냉각기 고장은 바로 원자로 폭발로 이어져 잠수함뿐만 아니라 인근 나토 기지를 초토화 할 수 있어 자칫 3차 대전이 일어날 위기 상황에 놓이게 된다. 설상가상으로 소련 본국과의 통신마저 끊기게 되고, 마침 경계 비행 중이던 미군 헬기에 구조 요청하자는 부함장 미카일과 끝까지 잠수함을 버릴 수 없다는 함장 알렉시가 심하게 대립한다.

영화에서 함장의 리더십은 상하 복종에 강압적이지만, 부함장은 소통하는 리더십의 전형이다. 미사일 시험 발사를 성공시킨 후 함장과 부함장 간의 설전이 오가는데, "당신은 불필요하게 잠수함과 승무원을 위험에 빠지게 했다. 2억의 모스크바 시민들도 같은 위험에 몰아넣었다"라는 부함장의 말에 함장은 "난 우리 승무원과 잠수함의 한계를 알아야 했다. 우리 전체 병사가 이제 하나가 됐다. 왜냐면 우린 이제껏 생각 못 했던 일을 힘을 합쳐 이뤘으니깐"이라며 응수한다.

이후 원자로 냉각기가 고장 나자 함장과 부함장은 또 대립한다. 부함장은 "더 이상의 병사들의 희생을 줄이기 위해 미군 헬기에 요청하자"라고 하자 함장은 "우리 잠수함을 적에게 넘길 수는 없어"라고 맞선다. 하지만 무사히 귀국 후, 사고의 책임을 묻는 함장에 대한 재판에서 부함장은 "소련의 어떤 함장도 그러한 결정에 직면해 보지 않았을 겁니다. 잠수정, 승무원, 세계의 운명, 이 모두를 균형 있게 이끌 결정을. 여기 있는 그 누구도 함장을 심판할 수 없다. 당신들은 거기에 없었기 때문이다"라며 "그는 우리들의 함장이요, 나의 함장입니다"라고 변론한다.

영화의 백미는 엔딩장면. 28년이란 세월이 흘러 노병이 된 승무원들이 원자로 사고로 죽은 동료들이 안치된 묘지에 모여 함장과 해후하는 장면은 깊은 여운을 남긴다. 젊은 시절 핵잠수함에 갇혀 갈등하고 반목하고 대립했던 오랜 감정을 눈 녹듯 씻어내고 그 미운 함장에게 거수경례하며 경의를 표하는 장면은 가슴 뭉클하다. 비록 전시가 아니어서 국가로부터는 영웅 칭호를 받지 못했지만 그들 스스로 진정한 영웅이었음을 드러내는 순간이다.

늙은 함장은 노병들에게 말한다. "(죽은 동료들에게) 영광스러운 게 무엇일까? 그들이 희생한 건 훈장을 위해서가 아니다. 단지 그때 거기에 있었고, 그것이 그들의 의무였기 때문이었다(These men sacrificed not for medal. But because when the time came it was their duty)." 그는 계속해서 "해군을 위해서도, 국가를 위해서도 아니다. 우릴 위해서지. 그들의 동료를 위해서(Not to the navy, or to the state, but to us, their comrades)"라며 노병들과 함께 술잔을 든다.

감독은 〈폭풍 속으로〉〈스트레인지 데이즈〉〈제로 다크 시티〉〈허트 로커〉 등 첩보물이나 전쟁영화를 주로 연출한 할리우드의 캐서린 비글로우. 전쟁영화 〈허트 로커〉로 제82회 아카데미시상식에서 작품상, 감독상을 받은 그녀는 이 영화에서도 탄탄한 연출력으로 핵잠수함 승조원들의 남성 세계를 잘 표현했다. 해리슨 포드의 깊이 있는 연기도 인상적이다.

✖ 풀 메탈 자켓 Full Metal Jacket ✖

감독 | 스탠리 큐브릭 출연 | 매튜 모딘, 알리스 하워드 1987년

"해병은 허락 없인 죽어서도 안 된다"

훈련교관 하트만 상사가 훈련병 로렌스에게 하는 말.

살인병기 제조창으로 풍자된 미 신병훈련소

미국에 베트남전은 별로 기억하고 싶지 않은 전쟁일 것이다. 아시아의 작은 나라 베트남을 상대로 한 싸움에서 졌다는 사실이 세계 최고 강대국으로서의 자존심을 구겼기 때문이다. 하지만 미국은 여전히 자유 세계의 경찰국가로서의 위상을 떨치고 있다. 특히 우리에겐 든든한 우방으로 한반도의 평화유지에 절대적인 위치에 있는 것도 사실이다.

영화 〈풀 메탈 자켓〉은 미국의 베트남전을 다루고 있다. 주인공의 내레이션으로 베트남전 참전 용사들의 경험담을 전달하면서, 전쟁에 참전하는 여러 유형의 젊은 병사를 통해 전쟁의 실체와 아픔, 평화의 메시지를 담고 있다. 동시에 영화는 국가와 전쟁이 젊은 군인에게 주문하는 남성성 및 용맹성 뒤에 숨겨진 또 다른 이면에 주목한다.

영화 전반부는 미 해병대 훈련소 이야기고, 후반부는 실제 베트남 참전 이야기다. 전반 훈련소 이야기에선 미 해병대의 혹독한 훈련과정을 사실적으로 소개하고 있으며 후반부엔 베트남전 영화에서 흔히 볼 수 있는 정글 속에서의 전투는 없고, 북베트남군이 퇴각한 지역의 폐허를 수색하는 병사들의 모습을 주로 보여 준다.

베트남전쟁이 한창인 1960년대, 조커(매튜 모딘)와 로렌스(빈센트 도노프리오), 카우보이(알리스 하워드) 등 3명의 미국 청년이 해병대 신병 훈련소에 입소한다. 그들은 첫날부터 "인간쓰레기"라고 윽박지르는 훈련 교관 하트만 상사에게 혹독한 훈련을 받는다. 그중 뚱보 별명을 가진 로렌스는 도중 자살하고, 조커는 '스타스 앤드 스트라이프스' 종군기자로, 카우보이는 최전방에 배치된다.

영화 전반부는 평범한 청년에서 무적의 미 해병으로 변해가는 과정을 보여주는데, 해병대의 군기와 기질을 나타내는 대사가 풍자적이며 의미심장하다. "해병은 허락 없인 죽어서도 안 된다" "해병은 죽는다. 그게 해병의 목표다. 하지만 해병대는 영원하다. 고로 제군들도 영원하다" 등의 대사가 미 해병대의 사기와 강인함을 느끼게 한다. 후반부는 전쟁에서 여자와 아이들을 보는 잔혹한 시각도 보여주는데, 헬기를 타고 최전선으로 가는 도중 "어떻게 여자와 아이를 쏠 수 있죠?"라는 주인공 조커의 질문에 무용담을 자랑하는 한 고참 병사는 "쉽지, 그것들은 느리니깐. 그게 전쟁 아닌가?"라고 답한다. 전쟁에 가장 위험하게 노출된 대상이 여자와 아이들이라는 전쟁의 참혹함을 읽을 수 있는 대목이다.

영화엔 '람보' 같은 전쟁 영웅은 없다. 작전도 없다. 영화는 적을 소탕하거나 고지를 탈환하는 등의 작전 대신 전장에 던져진 병사들의 사실적인 전투만을 보여준다. 북베트남군의 저격수에 무참히 당하는 미 해병대의 모습을 포함해 살벌한 전쟁의 실상을 미화시키지 않고 그대로 보여준다. 영화가 인물을 크게 부각하진 않지만 가장 눈에 띄는 병사는 두둑한 배짱을 지닌 주인공 조커다. 첫날 훈련 교관에게 빈정거리다가 '조커'라는 별명을 얻게 된 그는 전우애가 남다르다. 전반부에선 훈련 교관에게 찍혀 왕따 당하는 뚱보 로렌스를 도우며, 후반 전투 때는 절친 카우보이가 북베트남 저격수에 당하자 저격수를 찾아 나선다. 조커는 뜻밖에도 저격수가 어린 여자임에 망설이지만 오랜 갈등 끝에 사살한다. 이 장면을 영화의 클라이맥스로 볼 수 있는데 이후 조커는 다시 전장으로 돌아가 행군하는 병사들과 함께 한목소리로 "M-I-C-K-E-Y M-O-U-S-E(미키 마우스)/ 공정하고 땀 흘리는 단합된 해병…"이란 노래를 부르며 전진해 간다.

감독은 문제작 〈시계태엽 오렌지〉를 연출한 영국 출신의 스탠리 큐브릭이고 음악은 스탠리 큐브릭의 딸인 비비안 큐브릭이 맡았다. 큐브릭은 영화를 통해 베트남전을 신랄하게 풍자했다. 병사의 합창 등 영화의 여러 장치를 동원해 국가가 젊은 병사들에게 강요하는 남성성을 철저하게 희화화했다. 감독이 주는 반전(反戰) 메시지다.

⚔ 플래툰 Platoon ⚔

감독 | 올리버 스톤 출연 | 찰리 쉰, 톰 베린저, 윌렘 대포 1986년

"제가 반즈와 일라이어스 사이에서 태어난 아들로 느껴집니다."

전선을 떠나는 후송 헬기에서 테일러가 혼자 하는 말.

베트남전의 고해성사

1964년 존슨 대통령 시절, 북베트남 수뢰정이 미국 구축함을 공격했다는 통킹만 사건으로 미국은 본격적으로 베트남 전쟁에 개입한다. 하지만 압도적으로 우세한 화력과 병력을 가지고도 게릴라 전술로 맞서는 월맹군에 승리하지 못했다.

1968년 남북총선이 불발로 끝나자 베트민은 구정 명절을 틈타 베트콩들을 도시로 잠입시켜 전투를 벌이고 민중봉기를 시도했다. 베트민은 전투에서 많은 베트콩을 잃었다. 하지만 정치적으로는 승리를 거뒀다. TV를 통해 미 대사관이 일시 베트콩에 점령당하는 모습을 본 미국 국민들이 경악했기 때문이다. 미국 내 반전 여론은 더욱 거세졌다. 하지만 그 이후에도 존슨

냉전, 동서 전쟁 - 이념의 반성 **183**

행정부는 승산 없는 전쟁을 계속했다. 미국은 점점 베트남전의 수렁에 깊이 빠져들고 있었다.

영화 〈플래툰〉은 베트남전을 배경으로 한 반전영화로, 올리버 스톤 감독이 직접 전쟁에서 겪은 실상과 참혹함을 사실감 있게 담았다. 베트남전에 자원한 신병의 눈을 통해 전쟁의 공포와 대원 간의 대립을 통해 전쟁의 참상을 비판하고 있다. 플래툰(Platoon)은 '전투소대'라는 뜻이다.

영화는 1967년 9월부터 1968년 초 이른바 '구정공세' 전투를 비중 있게 다루고 있는데, 주인공 신병 테일러의 시점으로 악을 대변하는 반즈 중사와 선을 지키려는 일라이어스 분대장의 대결을 통해 전쟁의 실체를 고발한다. 일라이어스는 전쟁 중에도 최소한의 인간됨과 동료애를 가지려고 한다.

베트남 전쟁 한창인 1967년 9월, 테일러(찰리 쉰)는 대학을 중퇴하고 베트남전에 자원한다. 현지에 도착한 테일러는 풋내기 소대장 대신 전권을 휘두르는 전쟁광 반즈 중사(톰 배린저), 다소 인간적인 일라이어스 분대장(윌렘 대포) 등과 전투에 나선다. 수색작전 중 대원들이 부비트랩에 폭사하고 잔인하게 살해당하자 반즈 중사는 인근 마을로 가 베트콩을 색출한다. 그 과정에서 촌장의 아내를 사살하고 마을을 소각한다.

일라이어스 분대장은 반즈 중사의 무차별적이고 무자비한 행동에 반대해 처벌을 요구하지만 상부는 전투 중이라며 묵살한다. 대립하는 반즈와 일라이어스. 반즈 중사는 전투 도중 일라이어스 분대장을 사살한다. 테일러가 이것을 눈치채고 동료들과 대책을 논의해 보지만 반즈의 위세에 엄두를 내지 못한다. 68년 초 베트콩의 대공습이 있는 날, 혼전 속에서 테일러는 반즈를 사살한다. 부상당한 테일러는 병원으로 후송된다.

영화는 전쟁의 참상을 알린 동시에 인간의 믿음, 윤리에 대한 근본적인 질문을 던진다. 생사를 같이하는 소대원임에도 불구하고 이들 간엔 인간에 대한 존경, 전우애, 믿음, 사랑 따위는 없다. 오직 내 방식대로의 정글 법칙만 있다. 심지어 하극상까지. 영화에서도 밝혔듯이 적은 내부에 있었으며 자신 안에 있었다. 반즈는 전쟁을 해오면서 오랫동안 일라이어스에게 적대감을 느끼고 있었으며 미리 치밀한 계획을 짜 적을 쏘듯 주저없이 방아쇠를 당긴다. 그래서 영화는 반전(反戰)을 넘어 반인간적이요, 반인류적이다. 소대원들은 전우가 아닌 괴물이었다.

영화는 참혹한 전쟁 속에서 군인들이 정신적으로 어떻게 파괴되고, 피폐해지는가를 보여준다. 소대원들은 정글에서 싸우고 나면 마약에 취해 있다. 마약과 정글을 오간다. 피폐해지고 자신이 군인인지조차 모르는 듯하다. 영화는 악마성만 들춰낸다. 주인공 테일러도 예외가 아니다. 그 역시 마지막 전투에서 부상당한 반즈를 주저 없이 사살한다. 너도 전우를 죽였으니 나도 널 쏠 수 있다는 식이다. 착한 전쟁은 없다는 것을 증명이라도 하듯 행동한다. 그래서 영화는 베트콩과의 전쟁이 아니라 미군 소대원 간의 싸움이다. 베트콩은 플래툰 내부의 갈등과 대립을 보여주기 위한 배경일 뿐이다.

영화는 감독 올리버 스톤을 정상에 올려놓은 작품으로, 베트남전을 미국 중심적 입장에서 벗어나 자기비판적인 새로운 시각에서 다뤘다는 점에서 높게 평가받았다. 1987년 아카데미상에서 작품·감독·편집·음향 4개 부문을 수상했고 골든 글로브상에서 작품·감독·남우조연 3개 부문을 받았다. 한국에선 1987년 개봉, 그해 흥행 1위를 기록해 흥행 성적도 좋았다. 영화는 〈7월 4일생〉〈하늘과 땅〉과 함께 스톤 감독의 베트남 3부작으로 불린다.

✖ 지옥의 묵시록 Apocalypse Now ✖

감독 | 프란시스 포드 코폴라 출연 | 마틴 쉰, 말론 브란도, 로버트 듀발 1979년

"공포, 공포(the horror, the horror)….."

커츠 대령이 윌러드 대위를 보고 주문을 외듯 중얼거리는 말.

베트남전의 공포를 찾아 나선 로드무비

인도차이나 전쟁(Indochina wars)은 시기와 전쟁 주체, 성격에 따라 1차, 2차로 나누어진다. 1차 전쟁은 1946년에서 1954년까지 민족주의를 내세운 북베트남이 프랑스로부터 독립하기 위해 싸운 독립전쟁이다. 일본의 패망으로 승전국 프랑스가 베트남·라오스·캄보디아의 재지배를 위하여 일으킨 전쟁이다.

2차 전쟁은 1960년부터 1975년까지 미국의 대(對) 공산주의 봉쇄 전략에 따른 미국과 미국의 지원을 받는 남베트남이 북베트남의 베트콩들과 싸운 이념 전쟁이다. 당시 베트남전은 미국으로선 할 수도, 안 할 수도 없는 계륵 같은 전쟁이었다. 미

국 내에선 철수하라는 여론이 높았으나 미국은 어정쩡한 상태서 전쟁을 계속했다. 결국, 미국은 1973년 1월 파리평화협정에서 정전에 합의, 미군은 철수했다. 하지만 1975년 초 베트콩은 남베트남을 총공격해 그해 4월 30일 사이공을 함락시켰다. 이 전쟁에서 미국군은 5만 8천여 명이 전사했으며, 베트콩은 25만 명 이상 사망한 것으로 알려져 있다.

베트남전에서 미국이 패배한 것은 어쩌면 당연했는지도 모른다. 전쟁 명분이 약했다. 왜 싸우는 지가 뚜렷하지 않았다. 이와 비교해 같은 이념전쟁인 한국전쟁은 명확했다. 북한 공산군이 남북 군사분계선인 38선 전역에 걸쳐 자유 민주진영인 남한을 불법 남침했기 때문이다.

〈지옥의 묵시록(Apocalypse Now)〉의 주제는 전쟁의 공포다. 묵시(默示)는 종말, 대참사를 뜻한다. 네이팜탄이 터지는 정글 위로 도어즈의 노래 '디 엔드(The End)'의 '이젠 끝이야'로 시작하는 영화는 전쟁의 공포, 참상, 광기, 트라우마 등 반전영화가 가진 요소들을 대부분 포함하고 있다. 인물 역시 윌라드 대위를 포함 커츠 대령, 킬고어 중령 등 주요 인물들은 다 정상적인 군인이 아니다. 신경쇠약증세를 보이거나, 공포에 떨거나, 광기에 사로 잡혀있다.

주인공 임무 자체도 아군의 상관을 암살하는 것으로 조직의 붕괴, 하극상을 극명하게 보여준다. 프란시스 포드 코폴라 자신도 "베트남 전쟁의 공포와 광기, 도덕적 딜레마가 관객들에게 주는 영화의 메시지다"고 말했다.

미 특수부대 윌라드 대위는 탈영해 캄보디아 밀림 속에 왕국을 세운 미국의 최고 장교 커츠 대령을 암살하라는 득명을 받는다. 그는 4명의 병사와 함께 캄보디아로 향한다. 일행은 가는 도중 바그너의 '발키리의 기행(The Ride of the Valkyries)' 선율에 맞추어 베트콩에게 포탄을 퍼붓는 광적인 킬고어 중령을 만나고, 병사 위문 바니걸 쇼단과도 만난다. 프랑스인 자치 농장에선 베트콩에게 패배한 디엔비엔푸 전투(Battle of Dien Bien Phu)에 관한 프랑스의 불만도 듣게 된다.

마침내 커츠 대령의 왕국에 도착한 윌라드 일행. 그곳 사람들은 무언가에 홀린 것처럼 커츠 대령을 왕으로 추앙한다. 그곳에서 윌라드 대위도 커츠로부터 자신이 체험한 전쟁 속의 도덕적 딜레마와 공포, 광기에 관해 이야기를 듣고는 혼란스러워한다. 하지만 그는 커츠를 살해한다.

영화는 시종 윌라드 대위의 낮은 목소리의 내레이션으로 진행하는데, 그것은 베트남전에 대한 고해성사나 다름 없다. 무기력한 상태의 윌라드는 커츠 대령을 암살하는 험난한 여정에서 관객에게 속죄하듯 자신의 심리상태, 즉 점차로 커츠에게 동화돼 정신적인 포로가 돼가고, 전쟁에 대한 회의감, 킬고어 중령의 비판, 바니걸 쇼단의 매춘행위 등에 대한 소회를 읊조린다.

영화 전편에 깔린 반전의 메시지는 프랑스 자체 농장에서 만난 주인의 말, "미국은 허무한 전쟁을 하고 있어"를 통해 객관화시켜 전달한다. 베트콩과의 전쟁에서 패배한 프랑스인의 선험적 입장에서 베트남전을 평가한 것이다. 커츠 대령이 윌러드 대위를 향해 주문을 외듯 중얼거리는 말, "공포, 공포…"와 킬고어 중령이 네이팜탄을 투하하고 숨을 깊게 들이마시며 하는 대사, "난 네이팜 냄새가 좋아. 승리의 냄새가 나거든"도 주제를 압축한 대사들이다.

영화는 70년대 말 당시 3,900만 달러(440억 원)를 들여 제작한 당대 최고의 블록버스터로, CG 없이 실제 네이팜탄을 터뜨려 실감 나는 전쟁 스펙터클을 재현했다. 〈대부〉로 벌어들인 엄청난 돈을 이 작품에 다 쏟아 넣는 형국이었다. 코폴라는 "이것은 베트남전에 관한 영화가 아니라 베트남전 그 자체였다"라고 말했다. 이러한 영화 제작 과정을 다큐멘터리 〈회상: 지옥의 묵시록(Heart of Darkness: A Filmmaker's Apocalypse, 1991)〉으로 만들기도 했다. 영화는 1979년 칸영화제에서 황금종려상을 받았다.

✘ 디어 헌터 The Deer Hunter ✘

감독 | 마이클 치미노 주연 | 로버트 드 니로, 메릴 스트립 1978년

"닉을 위하여!"

영화 마지막, 카바티나곡이 흐르는 가운데,
마이클이 맥주잔을 들어 전사한 친구 닉을 기리며 하는 말.

사슴사냥의 우정도 날려버린 러시안 룰렛게임

베트남전은 미국인들에게 트라우마를 남겼다. 대개는 자원한 전쟁이었지만 죽거나, 다행히 살아 돌아왔어도 부상당하거나 신체 일부가 훼손되거나, 정서적으로 큰 타격을 입은 경우였다. 그야말로 운이 좋으면 살아남는 러시안룰렛 게임 같은 것이었다.

영화 〈디어 헌터〉는 한 동네에서 같은 직장에 다니던 고향 친구들이 한날 베트남전에 투입되면서 겪게 되는 전쟁의 잔혹함을 우정으로 승화시킨 작품이다. 개봉 당시 "죽음 그 너머에 있는 영웅주의와 우정의 의미를 진지하게 탐구한 전쟁 영화"라

는 평을 받았다.

주인공 마이클의 동선으로 영화 내용을 요약해 보면, 두 명의 친구와 베트남전에 참전 후, 불구가 된 한 친구와 귀국한 마이클이 돌아오지 않은 또 다른 한 친구를 구하러 다시 전장으로 들어간다는 이야기다.

미국 펜실베이니아주 한 마을의 제철소에 다니는 마이클(로버트 드 니로)과 닉(크리스토퍼 월큰), 스티븐(존 세배지) 등은 동네 친구다. 서로 욕을 달고 지내면서도 항상 사이좋게 어울려 다니는 죽마고우다. 영화는 누구의 아이인 줄도 모르고 임신한 안젤라와 스티븐의 결혼식에서 시작한다. 그들은 축제 같은 요란스러운 피로연을 갖고는 매주 하던 사슴사냥에 나선다. 마이클은 닉의 여자친구 린다(메릴 스트립)를 좋아하지만, 선뜻 말을 하지 못한다.

베트남으로 떠나는 마이클과 닉, 스티븐. 하지만 이들 3명은 베트콩에게 사로잡히는 신세가 되고 만다. 그들은 이미 잔인한 고문과 총알 한 발을 장전해 자신의 머리에 격발하는 러시안룰렛 게임으로 정신이 피폐해졌다. 마이클은 죽음에 직면한 스티븐을 살리기 위해 닉과 함께 탈출의 기회를 모색한다. 천신만고 끝에 닉과 마이클은 러시안룰렛 게임 도중 베트콩들을 해치우고 스티븐과 함께 탈출에 성공한다. 하지만 도중에 닉과 스티븐과 헤어지고 만다.

혼자 제대하고 고향에 돌아온 마이클. 그는 닉이 베트남에서 실종되었다는 소식과 스티븐이 반신불수가 됐다는 소식을 접한다. 다시 만난 닉의 애인 린다와도 여전히 불편만 하다. 친구들 없이 혼자 사슴사냥을 하는 마이클의 모습도 그 전의 활기찬 모습이 아니다. 스티븐이 입원한 병원을 찾아가는 마이클은 매달 스티븐 앞으로 거액의 돈이 송금된다는 사실을 알고는 닉이 베트남에 살아있음을 직감한다.

미군이 베트남에서 철수하는 와중에 닉을 찾아 다시 베트남으로 향한 마이클. 하지만 그를 발견한 곳은 러시안룰렛으로 거액의 판돈이 오가는 도박장이다. 이미 제정신이 아닌 닉은 돌아가기를 거부하고 죽음을 맞는다. 고향에 돌아온 마이클은 친구들과 함께 닉의 장례식을 치르고 선술집에 모여 닉을 위해 잔을 높이 든다.

3시간이 넘는 영화는 마을 잔치 같은 왁자지껄한 결혼식과 종교의식 같은 사슴사냥을 1시간 이상 길게 보여준다. 평화로운 일상의 삶 속에서 미국 사회 공동체의 유대감을 보여주기 위해서다. 이 공동체적인 유대감은 영화 종반 전투 장면을 이해하게 하고, 값진 전우애를 설득력 있게 응원해 주는 장치다.

너무나도 미국적인 영화임에도 영화 전체를 관통하는 중심어는 '러시아적'이다. 영화의 주요 인물들이 소비에트 연방 우크라이나계의 이민자들의 후손들이며 결혼식과 피로연의 축제도 러시아 정교 회식이고 춤과 음악도 러시아풍이다. 러시안룰렛 게임 역시 19세기 제정 러시아 시대 감옥에서 교도관들이

죄수에게 행한 게임에서 유래된 것이다. 감독 마이클 치미노는 "베트남전에서 러시안룰렛이 실제 있었던 것은 아니고 작품을 위해 만든 메타포(은유)"라고 설명했다.

영화 〈인턴〉에 나온 로버트 드 니로의 젊은 시절 명연기와 〈악마는 프라다를 입는다〉 등에 출연한 메릴 스트립의 젊었을 때의 모습은 영화의 몰입도를 높여 준다. 특히 젊었을 때의 드 니로의 힘 있고 카리스마 있는 절제된 연기와 스트립의 섬세한 감성 연기가 일품이다.

작품 전체를 감싸는 듯한 단조로운 클래식 기타의 연주곡 카바티나(Cavatina)가 심금을 울린다. 영화는 1978년 최우수 작품상, 감독상, 편집상 등 미국 아카데미상 5개 부문을 받았다.

영화 끝은 진한 여운을 남긴다. 닉의 장례식을 끝내고 동네 친구들은 늘 술을 먹고 당구를 치며 흥겹게 '너에게서 눈을 떼지 못하겠어(can't take my eyes off of you)'를 부르던 선술집에 다시 모인다. 하지만 친구를 떠나보낸 그들은 말이 없다. 누구 하나 바로 바라볼 수 없는 슬픈 표정들이다. 그 사이를 비집고 들릴 듯 말 듯 흘러나오는 허밍, '신이시여 미국을 축복하소서(God Bless America)'. 실내는 약속이라도 한 듯 합창으로 이어진다. 마이클은 웃음 띤 얼굴로 맥주잔을 들고 말한다. "닉을 위하여!" 그 정지된 화면 위로 영화의 주제곡인 카바티나(Cavatina)가 조용히 흐른다.

이 마지막 장면은 역설적이지만 친구가 죽은 슬픈 상황에서 조국을 떠올리게 한다. 혹자는 미국적인 영웅주의, 값싼 통속극 수준을 못 벗어난다고 하지만 고인을 추모하는 것과는 별도로, 생사를 넘나들던 전선에서 온갖 난관을 이겨낸 젊은이를 응원하고 그 속에서 또 다른 희망을 읽는 자세이며 미국의 전통적인 가치에 대한 찬가다. 왜냐하면 그들에게 베트남전은 악몽이었고, 전쟁의 트라우마를 안고 살아가야 하기 때문이다.

람보 First Blood

감독 | 테드 코체프 출연 | 실베스터 스탤론 1982년

> "그곳에서 우리는 명예와 자부심이 있었죠.
> 수백만 달러짜리 장비도 마음대로 다루고 탱크도 몰 수 있었는데….
> 지금은 주차장 관리일도 못 해요!"

람보가 트로트먼 대령에게 울먹이며 하는 말.

전쟁의 영웅, 귀환해 바보 되다

영화 〈풀 메탈 자켓〉의 주인공 종군기자 조커, 〈지옥의 묵시록〉의 윌라드 대위는 몰라도 〈플래툰〉의 신병 테일러만큼은 확실히 미국 본국으로 귀환했을 것 같다. 영화 끝부분, 다친 테일러는 병원으로 돌아가는 헬기에 정확히 몸을 실었고 전쟁은 끝났다고 말했다. 고향으로 간 테일러는 사회적응을 잘했을까? 그렇지 않았을 것이다. 그는 전투 중에 자신의 상사인 반즈 중사를 사살했으니 평생 죄책감에서 괴로워했을 것이다.

그렇다면 전쟁 영웅의 사회 복귀가 순조로웠을까? 그 역시 쉽지 않았을 것이다. 국가를 위해 용맹성과 민첩성과 전우애로 큰 공을 세운 병사라도 막상 사회에 진입했을 땐 상황은 다르다. 상당 기간 지역 사회와의 떨어짐에서 오는 낯섦, 어색함이나 불편함을 극복하기가 쉽지 않기 때문이다. 더구나 전우의 죽음, 개인적인 트라우마 등 전쟁의 상흔을 안고 있는 영웅이라면 더 어려울 것이다.

영화 〈람보〉는 전쟁영웅의 사회복귀라는 다소 심각한 주제를 다루고 있다. 데이비드 모렐의 소설 『혼자뿐인 군인』이 원작인 영화는 베트남전 종결 후 미국 사회에 적응하려는 베트남 참전 병사의 분노와 절규를 담은 진지한 사회 드라마이자 액션 영화다.

국가와 사회가 귀환한 참전용사를 어떻게 대우해야 하는지를 고민해야 한다는 메시지를 담고 있다. 특히 베트남전은 미국이 패배한 전쟁이고, 미국 내의 여론도 우호적이지 않았다는 측면에서 세심한 배려와 정책이 필요했고, 무엇보다 참전군인에 대한 사회 구성원들의 이해와 배려, 포용력이 있어야 했다고 말하고 있다.

영화는 베트남 전쟁 귀환병 존 람보(실베스터 스탤론)가 베트남전 전우를 찾아 시골 마을에 가면서 시작한다. 하지만 전우는 전쟁에서 노출된 고엽제로 암을 앓다 죽은 뒤였다. 이때 마을 보안관 티즐은 식당을 찾는 람보에게 대뜸 마을을 떠나라고 윽박지른다. 람보가 문제를 일으킬 듯한 인상으로 보인 것이다.

보안관은 람보를 순찰차에 태워서 외진 곳에 내려놓는다. 하지만 람보가 다시 마을로 향하자 그는 다짜고짜 방랑 죄와 칼 소지 혐의로 체포해 연행한다.

보안관들은 취조실에 끌려온 람보에게 취조에 비협조적이라며 고문에 가까운 행동으로 모멸감을 준다. 면도기를 얼굴에 들이대자 베트남전에서 고문당한 기억이 되살아난 람보는 보안관들을 맨손으로 때려눕히고 산속으로 도주한다. 보안관 일행은 헬기에 저격수까지 동원해 람보를 쫓고, 그 소식을 접한 베트남 전쟁 시절 상관이었던 트로트먼 대령이 찾아온다.

영화 속 람보는 전쟁영웅이었다. 람보를 조회한 한 보안관은 "상대를 잘못 고른 것 같다. 그는 베트남전 참전용사고 그린베레 출신인 데다 의회 명예훈장까지 탄 전쟁영웅이다"라고 말한다. 아닌 게 아니라 람보는 무(無)에서 유(有)를 창조하는 베테랑 군인이었다. 달랑 칼 하나만 갖고 산속으로 숨은 람보는 마치 베트남 정글에서처럼 그 칼로 나무를 깎아 화살촉을 만들고 함정 덫 등 전투 무기를 직접 만들어 저항한다. 즉석에서 횃불을 만들어 폭파된 지하 갱도를 밝히며 탈출에도 성공한다. 지역 방위군이 총출동하고 헬기가 동원돼도 신출귀몰한 람보를 상대하기는 역부족이다. 베트남전에서 어떻게 살아남아 전쟁영웅이 됐는지를 아이러니하게도 조국에 돌아와 보안관들을 상대로 보여주고 있다.

그러나 람보는 상흔이 많다. 영화 클라이맥스에서 람보가 트로트먼 대령에게 하는 대사가 대표적이다. "제대할 때 공항에서 살인마에 인간쓰레기 취급을 당했다. 전장에서 우린 명예가 있었지만 여기선 아무것도 없다. 거기선 헬기뿐만 아니라 탱크도 조종할 수 있었다. 백만 달러짜리 장비도 다루었다. 그러나 돌아와 보니 주차장 종업원조차 할 수 없었다! (총을 집어 던지고 눈물을 쏟아내며) 돌아오니 아무도 없었다. 내 전우들 모두 어디 있죠? (…). 7년간 매일 악몽을 꾼다. 지금은 누구와도 얘기할 수 없다."

사실 1980년대 초 영화가 개봉할 당시에도 베트남 전쟁이나 귀환 병사에 대한 미국 시민들의 반발이 상당했다. 국가를 위해 목숨까지 바쳤지만 정작 돌아와선 사회에 적응할 수 없었던 분위기가 팽배했다.

1982년 개봉한 영화는 후속으로 만들어진 〈람보〉 시리즈와는 확연히 다르다. 1편의 〈람보〉는 그린베레 출신으로 뛰어난 전투기술을 보유했으면서도 폭력을 극도로 자제한다. 람보가 직접 죽인 사람은 단 한 명도 없다. 심지어 자신을 괴롭혔던 보안관을 죽일 수 있는 상황에서도 "해칠 의도가 없다"고 밝힌다. 전쟁의 상처에 괴로워하는 참전용사가 사회의 냉대와 박해에도 불구하고 최소한의 불가피한 폭력만을 구사한다. 반면 〈람보2〉로 이어지는 시리즈는 폭력을 과하게 사용해 람보를 근육질의 슈퍼 영웅으로만 묘사했다. 영화 속 람보는 신출귀몰한 전사로 변신해 악당 베트콩과 이를 돕는 소련군을 전멸시킨다. 근육질의 몸에 총탄을 감은 채 기관총을 들고 수많은 적들을 혼자 무찌르는 전형적인 람보의 이미지가 된다. 이후 폭력영화의 대명사가 돼 1990년 기네스북에 가장 폭력적인 영화로 등재됐기도 했다.

영화주인공 실베스터 스탤론은 70년 말 영화 〈로키〉로 스타덤에 오른 할리우드 간판 배우였다. 당시 CG가 아닌 사실적인 액션 연기를 구사해 액션 배우로 최고의 대우를 받았다. 그는 또 〈로키〉 극본을 직접 썼는데, 이 영화에서도 시나리오 작업에 참여했다. 단순한 근육질 액션 이미지와는 달리 작가적인 소양도 갖춘 스타였다.

✖ 킬링 필드 The Killing Fields ✖

감독 | 롤랑 조페 주연 | 샘 워터스톤, 행 응고르 1984년

"용서하고 말고가 어디 있어. 없어
(Nothing to forgive Sydney. Nothing)."

영화 마지막, 프란이 시드니를 다시 만나서 하는 말.

아이들 손으로 자행되는 인종청소의 비극

전쟁이나 이념투쟁은 종종 청소년을 인간병기로 만든다. 이슬람 급진 무장단체들은 미국 등 서방세계를 상대로 한 폭탄 테러에 주저 없이 청소년을 동원한다. 중국 문화 대혁명 당시 홍위병도 중학생에서 대학생으로 조직된 군사조직이었다. 그들은 모택동의 정적이나 '구시대적이거나 부르주아'라고 간주한 것엔 무차별적으로 폭력을 행사했다.

1970년대 캄보디아 내전 시 좌파 공산당 폴 포트의 혁명군 대부분도 청소년이었다. 그중에는 어린이도 섞여 있었다. 검은색 제복을 입고 붉은색과 흰색의 체크 무늬 스카프를 두른 그들은 프놈펜에 입성해 당의 명령에 따라 총을 휘두르며 수많은 민간인의 목숨을 빼앗아갔다. 심지어 이들은 때론 친부모도 죽일 만큼 무서운 인간병기였다.

당시 좌파 공산당인 폴 포트가 빈민층 소년들을 동원한 이유는 간단하다. 어리기 때문에 자기들의 이념과 투쟁방식을 생각 없이 받아들이고 쉽게 목숨도 버릴 수 있었기 때문이다. 또한, 빈민층 출신인 까닭에 사회적 차별과 경제적 불평등에 대해서 민감한 반응을 보였기 때문이다. 한마디로 쉽게 적대감으로 무장할 수 있었다는 것이다. 전형적인 공산당의 수법이다.

영화 〈킬링 필드〉는 캄보디아 내전 당시 폴 포트가 이끄는 좌파 공산당인 크메르 루주 정권이 벌인 민간인 집단 학살을 사실적으로 영상화한 작품이다. 제목 '킬링 필드(Killing Field)'는 대학살로 생긴 집단 무덤을 말한다. 미국 『뉴욕타임스』지 시드니 선버그(Sydney Schonberg) 기자가 캄보디아 내전취재 중 실제 겪은 체험을 쓴 글 「디스 프란의 생과 사: 한 캄보디아인의 이야기」를 각색한 작품이다. 1980년 퓰리처상을 받았다.

론 놀 정권이 군사쿠데타로 전복되고 1975년 정권을 장악한 좌파 크메르 루주가 4년간의 통치 기간 저지른 극도의 비인간적 야만과 살상이 기둥 줄거리다. 여기에 캄보디아 내란을 취재하던 미국인 기자와 현지 캄보디아 기자 간의 우정을 보태 전 세계적으로 큰 반향을 일으킨 화제작이다.

영화는 "캄보디아, 서구인들에겐 낙원이요. (…) 하지만 정부군과 공산당 크메르 루주 반군 간의 전쟁으로 폐허가 됐다. 난 현지 통역관 프란 덕분에 사랑과 동정심을 배웠다"라는 시드니 기자의 글로 시작한다.

　캄보디아주재 미국의 뉴욕 타임스지 특파원인 시드니 쉔버그(샘 워터스톤)는 캄보디아가 공산당 크메르 루주 정권에 의해 함락되기 직전인 1973년 8월 현지 취재차 캄보디아의 수도 프놈펜에 도착한다. 1972년 캄보디아 사태에서 공산당 크메르 루주군을 섬멸하기 위해 미 공군이 잘못 폭격해 많은 민간인 사상자를 발생한 사건을 취재하기 위해서다. 그는 미국 당국의 비협조에도 불구하고 현지 채용 기자인 디스 프란(행 S. 응고르)과 함께 어렵게 현지에 진입, 잔혹한 현장을 카메라에 담는다. 상황은 캄보디아 정부에 불리하게 돌아간다. 위기를 느낀 시드니와 프란 기자 일행은 미국 대사관의 도움을 얻어 가족을 탈출시키고 자신들은 남아서 마지막까지 취재한다. 그러다 크메르 루주군에게 체포돼 처형되기 직전 프란의 간곡한 설득으로 시드니와 다른 서구 기자들은 무사히 풀려난다. 결국, 수도 프놈펜이 크메르 루주군에 의해 함락된다. 궁지에 몰린 시드니와 프란 일행은 프랑스 대사관을 찾아가 도움을 청하나 대사관 측은 프란이 캄보디아인이라는 이유로 대사관 밖으로 추방한다. 이후 프란은 크메르 루주군에게 붙잡혀 강제 노동수용소에서 인간 이하의 대접을 받으며 무자비한 살육현장을 보게 된다. 마침내 극적으로 탈출에 성공한 프란은 킬링필드를 지나 타이의 난민촌으로 스며든다.

　한편 미국으로 돌아간 시드니는 프란의 가족을 보살피면서 프란을 구해보려 노력하던 중 캄보디아 내전 기사로 특종상을 받는다. 하지만 그는 동료 기자로부터 그 상을 받으려고 프란을 사지에 몰았냐는 비판을 듣게 된다. 1979년 10월 9일 시드니와 프란은 극적으로 만난다. 그들 위로 '평화로운 세상을 상상해보라'라는 비틀스 멤버 존 레넌의 명곡 '이매진(imagine)'이 흐른다.

실화를 기본으로 만든 영화는 초반부엔 전쟁터의 혼란한 상황을 사실감 있게 전달하고 있으며 중후반부에선 프란의 시점으로 크메르 루주 공산당의 소년 혁명군의 잔인성과 전쟁의 참혹함을 그리고 있다. 크메르 루주군에 의해 희생된, 강기슭과 논 등에 널려있는 수많은 시쳇더미가 충격적이다. 연기 비전문가로 영화에 출연한 프란역의 행 응고르는 1985년 아카데미상에서 남우조연상을 받았다. 사실상 주연배우였음에도 조연상을 받아 인종차별이라는 논란을 일으키기도 했다. 실제 캄보디아 난민인 행 응고르는 1996년 2월 25일 미국 로스앤젤레스의 아파트에서 숨진 채 발견됐는데, 당시 미 경찰은 크메르 루주의 소행으로 추정했다.

영화는 전쟁의 광기가 인간을 얼마나 피폐화시키는지를 잘 보여주고 있다. 특히 어린 아이들에게 총과 칼을 지워줘 어른들을 무자비하게 처벌케 한 당시 좌파 공산정권의 실상을 적나라하게 보여준다. 유엔의 추산에 따르면 폴 포트 공산정권이 지배한 기간 굶주림과 구타와 학살로 사망한 사람은 최소 170만 명에 이른다. 미국 예일대의 캄보디아 제노사이드(집단살해) 프로그램팀은 현지 조사를 벌여 캄보디아 전역에서 200개 이상의 킬링 필드를 찾아냈다.

5장

현대 전쟁

냉전에서 민족주의로

현대 전쟁 - 냉전에서 민족주의로

〈자헤드-그들만의 전쟁〉 총 한 방 못 쏴본 저격수

〈노 맨스 랜드〉 '인종청소'를 부추기는 민족주의

〈블랙 호크 다운〉 아프리카 민병대 소총에 추락한 블랙 호크

〈그린 존〉 이라크엔 후세인이 살 그린 존은 없다

〈히트 로커〉 폭탄해체 작업은 마약

〈아메리칸 스나이퍼〉 이라크 전쟁 영웅의 진혼사

〈론 서바이버〉 적과 민간인은 종이 한 장 차이

"우리의 일을
미국이 해결하려 하지 마라."

- 영화 <그린존>에서 이라크 청년 프레디가 미군 밀러에게 하는 말.

1989년 독일이 통일된 후, 소련 역시 해체됐다(1991년). 이로써 사실상 냉전체제가 무너졌다. 이와 함께 자연스레 초강대국 미국의 패권 시대가 열렸다. 이 틈에 반미를 외치며 중동의 맹주 자리를 노리는 이라크의 사담 후세인이 쿠웨이트를 침공했다. 미국의 에너지 안보에 심각한 위협이었다. 미국을 비롯한 서방세계는 즉각 2차 대전 이후 가장 큰 병력을 보유한 군사 동맹을 탄생시켜 이라크를 공격했다. 1991년 1월부터 벌인 걸프 전쟁(The Gulf War)이다. 결과는 이라크의 처참한 패배였다.

미국 샘 멘데스 감독의 영화 〈자헤드-그들만의 전쟁〉은 걸프 전쟁 때 파병된 미 해병대원들이 이렇다 할 전투가 없어 생기는 심리적인 압박감과 부대원 간의 갈등을 주로 그렸다.

1980년대 소련에 속해 있던 동유럽의 유고슬라비아는 여러 민족으로 분리, 독립했다. 세르비아, 크로아티아 등이 독립했으며 그 과정에서 민족과 종교 갈등으로 많은 희생자가 속출했다. 보스니아 내전(1992년 3월~1995년 11월)에선 '인종청소'라는 이름 아래 대규모 학살이 반복돼 20만 명이 죽음을 맞았다. 유고슬라비아 내전은 이데올로기보단 민족주의(nationalism)와 종교의 갈등이 주원인이었다.

보스니아 출신의 다니스 타노비치 감독의 영화 〈노 맨스 랜드〉는 보스니아군과 세르비아군이 싸우는 보스니아 전쟁을 배경으로 벌어지는 3명의 병사 이야기다. 적대국인 두 병사와 지뢰 위에서 이도 저도 못 하는 한 병사가 고립된 채 민족 감정을 극복 못 하고 죽음을 맞는다는 비극이다.

한편 냉전 이후 아프리카 대륙 대부분의 국가는 외형적으론 제3 세력의 입장에 있었지만 1991년 소말리아는 친소정책에서 친미 혹은 친중국 쪽으로 선회하려는 조짐을 보였다. 소말리아의 모가디슈 전투(1993년 10월 3~4일)는 소말리아를 지배하는 군벌 연합의 모하메드 파라 아이디드의 민병대와 미군 간의 전투다. 이 전투에서 미군이 거둔 소득은 거의 없었다. 1995년 3월을 기점으로 소말리아에서 UN군을 비롯해 모든 다국적군이 철수했다. 이 사건 이후로 미국은 약소국의 내전에 끼어들지 않게 됐다. 군사 전문가들은 "당시 미국 군대 철수는 세계 테러분자들에게 미국은 병사 몇 명 죽으면 퇴각한다는 인상을 심어 주었다"라고 말했다. 결과적으로 이 작전 이후 미국은 소말리아에서 손을 뗐고, 르완다나 보스니아에 평화유지군 파병도 꺼렸다. 리들리 스콧 감독의 〈블랙 호크 다운〉은 모가디슈 전투에 참전한 미 정예부대인 레인저와 델타포스 등 특수부대의 임무를 그렸다.

1990년 걸프 전쟁(Gulf War) 이후 미국은 중동에 개입하면서 이슬람 원리주의와 적대적인 관계가 됐다. 아랍권에서 벌어지는 테러는 대개 미군을 노리고 있었는데 미국에 대한 적개심에 비례해 화력도 세고 방법도 잔인했다.

이후 테러는 지구촌 전체로 확산됐다. 급기야는 미국본토가 테러를 당했다. 2001년 9월 11일 미국에서 벌어진 항공기 납치 자살 테러로 뉴욕의 심장부 110층짜리 세계무역센터 쌍둥이 빌딩이 무너지고, 미국 국방성 펜타곤이 공격받는 초유의 대참사가 발생했다.

이 미증유의 테러가 일어난 뒤 2002년 1월 미국은 북한·이라크·이란을 '악의 축'으로 규정했다. 그 후 이라크의 대량살상무기(WMD)를 제거해 세계평화에 기여한다는 명분을 내세워 동맹국인 영국·오스트레일리아와 함께 2003년 3월 20일 바그다드에 미사일을 폭격, 전쟁을 개시했다. 작전명은 '이라크의 자유(Freedom of Iraq)'. 이라크 전쟁(Iraq War)이 발발한 것이다. 하지만 많은 전쟁 음모론을 양산했다. 그중 이라크의 석유 확보를 위한 전쟁설, 군산복합체의 지원과 신무기 실험을 위한 전쟁설, 그리고 유라시아 세력 재편과 중국 견제설이 있었다. 이 전쟁으로 이라크인 8만 명 이상이 사망했고 450만 명에 이르는 난민이 발생했다. 미군도 사망자 4천여 명, 부상자 2만 9천 명에 달했다.

영화 〈그린 존〉 〈허트 로커〉 〈아메리칸 스나이퍼〉는 이라크 전쟁이 배경이다. 폴 그린그래스 감독의 〈그린 존〉이 전쟁 시작의 배경에 의문을 던지며 접근했다면 캐서린 비글로우 감독의 〈허트 로커〉는 전쟁 자체의 중독성에 주목했다. 특히 〈그린 존〉은 이라 크전의 정당성과 도덕성을 묻고 있다. 영화는 전쟁 종료 후 제기돼 온 대량살상 무기의 유무에 초점을 맞췄다. 전쟁 후 이라크에서 대량살상무기(WMD)가 발견되지 않아 전쟁의 정당성이 흔들리는 가운데 대량살상 무기에 대한 정보가 애초에 조작됐다는 지적이 제기됐다. 클린트 이스트우드 감독의 〈아메리칸 스나이퍼〉는 실존 참전 병사 크리스 카일의 애국주의를 보수적인 입장에서 표현했다.

미국은 이라크에서 철수했다. 하지만 그 무렵 이미 오래전에 승리한 것으로 믿었던 아프가니스탄에는 오히려 병력을 증강했다. 파키스탄과 아프가니스탄의 접경지역에 위치한 탈레반의 반격이 만만치 않았기 때문이다. 2003년 말까지 미군 피해자는 220여 명으로 늘어났다. 미군 특수부대는 전진기지를 설치하고 이른바 고가치 표적(HVT)을 확보 또는 제거에 나섰다. 오사마 빈 라덴의 측근 지휘부나 보급거점을 타격한다는 것이었다. 네이비 실 10팀의 레드 윙 작전(Operation Red Wing)도 그중 하나였다. 하지만 이 작전은 아프가니스탄 최악의 참사로 기록됐다. 레드 윙 작전을 소재로 한 영화가 피터 버그 감독의 〈론 서바이버〉다.

✖자헤드 – 그들만의 전쟁✖

Jarhead

감독 | 샘 멘데스 출연 | 제이크 질런홀, 피터 사스가드 2005년

"4일과 4시간 1분, 그게 나의 전쟁이었다."

미국으로 돌아온 스웜퍼드가 전쟁을 회상하며 하는 말.

총 한 방 못 쏴본 저격수

걸프 전쟁(The Gulf War)은 쿠웨이트를 점령한 이라크를 대항해 미국, 영국, 프랑스 등 34개국으로 구성된 다국적군이 1991년 1월부터 벌인 전쟁이다. 미국이 주도한 다국적군은 각종 최첨단 무기를 대거 동원, 10만 회 이상 공중 폭격해 이라크를 무력화한 후 4일간 지상전을 벌여 쿠웨이트를 수복하는 데 성공했다.

조지 H. W. 부시 대통령은 즉각 미군을 사우디아라비아에 파병하고, 다른 서방 국가들에도 병력을 요청해, 2차 대전 이후 편성된 연합군 중 가장 큰 병력을 보유한 군사 동맹을 탄생시켰

다. 종전 후 부시 대통령의 인기는 급부상했으며 미국의 위상 역시 크게 올랐다.

반면 이라크는 서방국가에 대한 위협 수단으로 해안에 위치한 유전을 폭파해 페르시아만에 1백만 톤 이상의 원유를 유출해 사상 최악의 해양오염 사고를 냈다. 후세인은 전 세계로부터 침략자인 동시에 환경 파괴자로 지탄을 받았다.

영화 〈자헤드 ‒ 그들만의 전쟁〉은 1991년 걸프 전쟁 때 파병된 미 해병대원들이 이렇다 할 전투가 없어 생기는 심리적인 압박감과 부대원 간의 갈등과 전우애를 그렸다. 자헤드(jarhead)는 '병조림 머리'라는 뜻으로 미 해병을 지칭하는 속어다. 이라크군이 미 공군 전투기 및 토마호크를 비롯한 크루즈 미사일 앞에 순식간에 무너져 총 한번 제대로 쏴 보지 못한 채 종전을 맞이한 해병대원들의 이야기다. 사막에서 전쟁하는 걸프전에 대한 사실적 묘사와 첨단 무기가 동원되는 현대전의 아이러니를 잘 표현한 영화다.

참전 해병대원 출신 안소니 스워퍼드가 쓴 자서전이 원작인 영화는 대학진학에 낙방해 사회에서 마땅히 할 일을 찾지 못하던 20살의 스워퍼드(제이크 질런홀)가 해병대에 입대하면서 시작한다. 스워퍼드는 혹독한 훈련을 거치면서 저격수로 발탁되고, 마침내 걸프전에 참전한다. 그러나 6개월이 되도록 전투 한번 없이 반복되는 총 닦기, 편지 읽기, 여자 이야기에, 언론 카메라 앞에서 방독면을 쓰고 미식축구하거나, 자신의 보초 근무를 동료한테 넘겼다가 동료가 사고를 쳐 화장실 청소를 하는 등의 일에 지쳐간다. 그러다 마침내 사막의 폭풍 작전이 시작되지만 정작 총 한 발 제대로 쏘지 못한 채 전쟁이 끝난다. 미국으로 돌아온 스워퍼드는 "4일과 4시간 1분, 그게 나의 전쟁이었다"고 회상하며 영화는 끝난다.

이 영화엔 다른 전쟁영화에서 흔히 볼 수 있는 영웅은 없다. 미션도, 작전도 없다. 대신 필승을 위해 훈련받고 부대원 간에 갈등하고 화해하는 실제 군인의 실상을 거의 그대로 보여준다. 하지만 그들은 금방이라도 적이 나타나면 박살 낼 미 해병 특유의 남성성으로 가득 찬 병사들이다.

영화의 클라이맥스는 영화종반, 스워퍼드가 적군의 경계병을 저격하라는 명령을 받고 정조준 하지만, 방아쇠를 당기기 직전에 작전이 변경돼 쏘질 못하는 장면이다. 이 장면에서 주인공 스워퍼드와 같은 팀인 트로이는 상관에게 쏘게 해 달라고 울며 항의한다. 저격병으로서, 미 해병으로서 존재의 이유를 확인하려는 의지가 무너지게 되자 거칠게 행동한 것이다.

주인공 스워퍼드를 포함, 영화 속 미 해병이 이렇다 할 전투 없이 종전을 맞이한 것은 실제 해병 1, 2사단의 임무가 쿠웨이트 방면에서 공격할 것처럼 액션만 취하기로 했기 때문이다. 하지만 영화에서처럼 해병대 전체가 적도 구경 못 하고 총 한 방 못 쏴본 것은 아니었다. 오히려 다른 해병대는 과도하게 쿠웨이트 방면으로 치고 들어가는 전략적인 실수도 있었다. 당시 걸프

전의 주역은 이라크 본토로 들어가 적 후방에 공중 강습작전을 하는 18공수군단과, 5개 기갑 및 기계화 사단으로 구성된 제7군단이었다.

영화엔 다른 영화의 영상 및 음악이 자주 거론된다. 오마주보다는 패러디 성격이 강하다. 베트남전을 비판한 영화 〈지옥의 묵시록〉을 관람하면서도 영화 중 바그너의 '발키리의 기행' 음악에 맞춰 베트콩에게 포탄을 퍼붓는 미군 헬기에 열광하는 병사들의 모습은 역설적이다. 베트남전 영화 〈디어 헌터〉의 주제음악에 이어 동료병사 부인의 불륜 현장 비디오를 보여주는 장면 역시 〈디어 헌터〉의 주제인 전우애를 조롱하는 반전의 메시지다. 또한 불타는 유전이 원인이 돼 내리는 검은 기름비를 맞은 병사는 서부극 〈자이안트〉의 제임스 딘의 대사 "내 유전이 터졌어"를 그대로 따라 하며 웃는다.

감독은 2000년 〈아메리칸 뷰티〉로 아카데미 작품상, 감독상 등을 받은 샘 멘데스이다. 주연을 맡은 제이크 질런홀의 다양한 표정 연기도 인상적이다.

영화의 부제 '그들만의 전쟁'은 원제(자헤드)에 없는 제목이다. 국내에 소개되면서 보다 친절하게 영화의 주제를 전달하기 위해 새로 만든 것인 듯하다. 대개의 전쟁영화엔 적이 나오는데 이 영화엔 없으니 아군, 그들만의 전투인 것을 강조한 것이다.

영화 속 해병대원은 무척 싸우고 싶어 하고 사기충천하지만 이라크군은 나타나지 않는다. 이미 첨단 전투기와 폭격기가 다

끝내버려 정작 미 해병들이 싸울 필요가 없었기 때문이다. 실제로 CNN 등 미디어를 통해 전 세계 방영된 걸프전은 잔혹한 살육전이 아니었다. 토마호크 미사일이 하늘을 날아 목표물에 명중하고, 폭격기에서 떨어지는 네이팜탄이 화염을 일으키는 비디오 게임 같은 것이었다. 걸프전은 첨단 과학으로 무장된 신무기가 총동원된 무기 경연장을 안방에 생중계한 현대전이었다. 이라크군 사상자는 7만 명, 미군은 294명이 전사했다.

✖노 맨스 랜드✖
No Man's Land

감독 | 다니스 타노비치 출연 | 브랑코 쥬리치, 르네 비또라야쯔, 필립 쇼바고비치 2001년

> "총 맞아 깨어나니 지뢰 위에서 자고 있고,
> 화장실이 급한데 세계인들이 지켜보고 있네."

부비 트랩 위에 누워 있는 체라가 자신의 처지를 비관하며 하는 말.

'인종청소'를 부추기는 민족주의

보스니아 전쟁(1992년 4월 1일 ~ 1995년 12월 14일)은 유고연방이 해체되는 과정에서 일어난 내전이다. 1991년 보스니아 헤르체고비나의 보스니아계와 크로아티아계가 함께 유고연방으로부터 분리 · 독립할 것을 선언하자 세르비아인들은 이를 인정하지 않고 유고슬라비아 연방의 지원 아래 전쟁을 일으켰다.

이 싸움은 '인종청소'라 불릴 정도의 대학살이 자행된, 유고슬라비아 전쟁 중 가장 잔인한 전쟁이었다. 유고슬라비아의 여러 민족들을 잘 융화시킨 정치가 티토가 사망하면서 오랜 민족

적 · 종교적 반목으로 생긴 싸움이었다.

동유럽 발칸반도에 위치한 보스니아 헤르체고비나는 이슬람교인 보스니아인(44%), 세르비아 정교회 세르비아인(31%), 가톨릭 크로아티아인(17%)으로 복잡한 인구구성을 갖고 있다.

영화 〈노 맨스 랜드〉는 보스니아군과 세르비아군이 싸우는 보스니아 전쟁 한복판에 갇혀 오도 가도 못 하는 3명의 병사 이야기다. 제목 그대로 두 적국 진영 사이에 위치한 '누구의 땅도 아닌 곳'에 총구를 맞댄 두 병사와 지뢰 위에서 꼼짝달싹을 못 하는 병사가 고립된 채 구원을 요청하면서 벌어지는 이야기다. 최악의 상황에 빠진 세 명의 병사를 구출하기 위해 양 진영은 물론 UN 평화유지군, 특종을 찾는 언론사들까지 합세하면서 상황은 예상치 못한 국면으로 전개된다.

영화는 짙은 안개로 길을 잃은 보스니아 군인들이 세르비아 군 지역에 들어가면서 시작한다. 세르비아군의 총격에서 간신히 살아남은 주인공 치키(브랑코 쥬리치)는 세르비아의 참호 속에 몸을 숨긴다. 세르비아군은 니노(르네 비또라야쯔)와 그의 상관에게 순찰수색을 명령한다. 참호에 도착한 상관이 보스니아군 시신 한 구에 부비 트랩을 설치한다. 이때 숨어있던 치키가 상관을 사살하고 참호 속엔 치키와 니노만 남는다. 적과의 동침인 셈이다. 그런데 부비 트랩 위에 있던 시신(치키의 전우)인 체라(필립 쇼바고비치)가 살아난다. 총구를 겨누면서도 양쪽 자기 진영에 옷을 벗어 도움을 요청하는 치키와 니노. 구원 깃

발을 본 세르비아군은 아군인지 적군인지, 판단이 안 돼 유엔군을 부른다.

상황을 파악한 유엔군은 누워 있는 체라 밑에 설치된 부비 트랩을 제거하려 하지만 실패한다. 그런 사이 치키와 니노 간의 적대감은 고조되고 설상가상으로 특종을 쫓는 외신기자들이 몰려든다.

영화는 보스니아와 세르비아가 대치하고 있는 냉혹한 전쟁터를 그리고 있지만 엉뚱하고 유머스럽다. 양측 병사들은 무기력하고 훈련도 안 받은 민병대처럼 보인다. 흰 셔츠를 펄럭이며 도와달라는 절규는 처참하지만 우스꽝스럽다. 비극적인 상황에서 연출되는 블랙코미디다. 보스니아군과 세르비아군으로 참호 속에서 만난 치키와 니노가 복잡한 내전의 배경과 민족 간의 뿌리 깊은 갈등을 정색하며 드러내는 상황조차 코믹하게 보인다. 이 두 적군은 상황이 자신에게 유리하게 바뀌면 총구를 겨누며 "전쟁을 누가 먼저 시작했지?"를 반복적으로 물으며 자기편이 더 옳다고 주장한다.

무기력하긴 유엔군 역시 마찬가지. 문제가 커질 수 있으니 구출 작전에 개입하지 말자던 유엔군 사령부는 기자들이 몰려오자 마지못해 구출에 나선다. 하지만 정작 지뢰는 제거하지 못하고 참호를 떠난다. 부비 트랩 위에 누워 있는 체라는 "총 맞아 깨어나니 지뢰 위에서 자고 있고, 화장실이 급한데 세계인들이 지켜보고 있네"라며 자신의 처지를 비관한다. 기자들도 생명은 뒷전이고 특종 잡기에만 혈안이다. 이들 기자들을 향해 치키는 "우리 고통을 팔아 돈 좀 버냐?"고 비판한다.

영화의 마지막 장면, 움직이면 터지는 지뢰 위에 방치된 채 속수무책으로 누워있는 체라의 모습은 많은 것을 생각하게 한다. 이 영화의 메시지다. 민족 간의 대립으로 적대감으로 가득 찬 치키와 니노는 같은 참호 속에서 서로를 이해하는 듯했지만 결국 민족감정을 넘지 못하고 서로에게 총을 쏴, 둘 다 죽는다. 마지막 병사 체라 역시 유엔군의 도움으로 지뢰에서 벗어나 구출되는 줄 알았지만 끝내 구조되지 못한 채 그대로 버려진다. 평화 유지군이라고 해서 모든 것을 해결해, 평화를 줄 수 있는 존재가 아니라는 역설이다.

연출은 보스니아 출신의 다니스 타노비치 감독으로, 민족 간의 대립을 떠나 전쟁의 참상을 중립적으로 보여준다. 2001년 미국 아카데미와 골든 글러브 외국어영화상과 칸 영화제에서 각본상을 받았다.

발칸반도는 유럽 전쟁사의 화약고였다. 1차 대전을 포함해 수 세기 간 게르만 민족, 슬라브 민족 등 여러 민족, 종교 간의 증오심과 갈등에, 자본주의, 공산주의 등 이념의 대립으로 큰 희생을 치른 곳이었다. 지정학적으로 서방 세계와 러시아 등 강대국이 충돌하는 이곳에선 힘이 없는 민족이나 국가는 예외 없이 짓밟혔다. 미 중 러 일 강대국에 둘러싸여 있는 한반도의 지정학 역시 크게 다르지 않을 것이다.

✖ 블랙 호크 다운 ✖

Black Hawk Down

감독 | 리들리 스콧 출연 | 조쉬 하트넷 2001년

"아무도 이해 안 해. 우리가 싸우는 게 전우애 때문이란 걸."

영화 말미, 동료를 구출한 고참 병사 깁슨이 다시 전투에 나가며
주인공 에버스만에게 하는 말.

아프리카 민병대 소총에 추락한 블랙 호크

전장의 한복판, 한 병사가 쓰러진 전우를 등에 업고 쏟아지
는 적의 총탄을 피해 폐허의 건물 한구석으로 달려간다. 위생병
을 다급하게 찾으며 응급조치를 해보지만 끝내 전우를 살려내
지 못한다. 절망감에 젖어 있을 시간도 없이 적들은 좀비처럼
달려든다. 다시 대열을 갖추고 정 조준해 방아쇠를 당긴다. 한
놈, 한 놈을 차례로 쓰러뜨린다. 그의 눈엔 어느새 눈물이 가득
하고 분노가 이글거린다. 그렇다. 동고동락했던 전우가 적군의
총탄에 죽음을 맞을 때 피가 거꾸로 치솟는 분노와 울분이 전우
애의 시작일지 모른다. 역설적이지만 전우애는 절대적인 극한

상황에서 꽃 피운다. 그런 전우애는 전장의 최대 무기다.

영화 〈블랙 호크 다운〉은 미국 전투 헬기 블랙 호크의 추락으로 고립된 미군들이 아프리카 소말리아 민병대의 포위망을 뚫고 탈출하는 이야기다. 1993년 소말리아 수도 모가디슈에서 벌어진 실제 전투(1993년 10월 3~4일)를 영화화했다.

당시 소말리아 민병대는 오랜 내전으로 기아에 허덕이는 양민들에게 배급하는 식량 등을 중간에 약탈하고 살인을 일삼았다. 영화는 수적으로 절대 열세인 미군들이 긴박한 상황에서 벌이는 불꽃 튀는 시가전을 생생하게 보여준다. 관객들은 보는 시간 내내 전쟁터의 한복판에 있는 듯하다.

영화는 고대 그리스 철학자 플라톤의 '죽은 자만이 전쟁의 끝을 볼 수 있다(Only The Dead Have Seen The End of War)'라는 글귀로 시작한다. 미 육군 특수부대 델타포스와 유격부대 레인저 등은 구호물자를 강탈하는 소말리아의 민병대 대장 모하메드 파라 에이디드(Mohamed Farrah Idid)의 최측근을 납치하는 작전을 펼친다. 작전시간은 단 30분. 에이디드 민병대의 회의가 열리는 건물에 쳐들어가 델타포스가 표적을 확보하는 동안, 헬기와 험비로 투입된 레인저 부대가 최측근들을 체포해 본부로 귀환하면 작전 끝이다.

하지만 뜻밖에도 무적의 전투 헬리콥터인 블랙 호크 두 대가 잇달아 격추되면서 상황은 180도 달라진다. 급기야 미군들의 임무는 '납치'에서 '탈출'로 바뀐다. 고립된 젊은 유격부대와 베테랑 델타 부대원들은 구조대가 올 때까지 18시간 동안 폐허가 된 소말리아의 수도 모가디슈에서 상처를 입은 채 적들과 사활을 건 전투를 벌인다. 시 전체가 소말리아 민병대의 공격으로 쑥대밭이 된 상황에서도 극도의 긴장감과 전우를 잃어버린 허탈감을 극복해가며 서로가 격려를 아끼지 않는다. 오히려 상황이 긴박하고 절박해질수록 전우애는 더욱 빛을 발한다.

영화는 군사작전에서 지나친 낙관주의가 어떤 비극적인 결과를 초래하고, 그로 생긴 위기를 타개, 만회하기가 얼마나 어려운지를 보여준다. 미군 작전책임자는 30분이면 작전이 완료된다고 호언장담하고, 일부 미군들은 수통에 물을 채우거나 야간 고글과 여분의 탄약도 챙기지 않는다. 에이디드 군벌 세력과 그의 민병대를 훈련 한번 받아본 적이 없는 오합지졸쯤으로 속단한 자만심이 화를 부른 것이다.

예상치 않게 헬기에서 밧줄을 타고 하강하던 병사는 실수로 떨어지고 블랙 호크도 잇달아 추락하자 작전은 한순간에 엉망이 된다. 일부는 헬기에 탄 생존자와 시신을 찾고자 추락 지점으로 달려가야 했고, 인해전술로 물밀 듯이 쳐들어오는 민병대 총공격엔 크게 당황할 수밖에 없었다. 결국, 전열을 가다듬을 겨를조차 없이 순식간에 대원들은 뿔뿔이 흩어지고 쪼개져 사실상 지휘가 불가능한 최악의 상태가 된다.

이런 막다른 상황을 극복할 수 있는 것은 전우애뿐이다. 서로의 눈빛으로 명령과 수행이 이뤄지고 동료 병사의 무차별적인 지원사격에 힘입어 적을 향해 수류탄을 투척하는 용기가 생기는 것이다. 고립무원 상황에서 서로서로 의지한 채 훈련 시엔 느껴 보지 못한 기운에 서로가 전율한다. 그래서 부상당한 전우를 등에 업고 무사히 부대에 복귀할 수 있었다.

감독은 할리우드의 명장 리들리 스콧. 그는 생사를 넘나드는 긴박한 전투장면을 다큐멘터리처럼 사실감 있게 묘사하고 있다. 한두 명의 톱스타를 내세워 이야기를 펼쳐가지 않고, 여러 명의 주·조연급의 연기자들을 캐스팅해 전투 자체를 주인공으로 만들어 메시지를 전하고 있다.

실제 모가디슈 전투에서 소말리아 측은 민병대와 모가디슈 시내에 살던 민간인을 합쳐 1,000명 넘게 숨졌다. 미군은 19명이 전사했는데 전사자가 미 육군 특수부대 델타포스와 유격부대원 레인저 등 미군 정예부대였다는 점에서 질타가 쏟아졌다. 현지 지리에 밝은 민병대를 얕본 데다 소말리아 내전을 빨리 종식하려는 조급증 때문에 무리한 작전을 감행한 것이 원인이었다. 당시 클린턴 행정부는 여론이 크게 나빠지자 1994년 소말리아에서 미군을 철수시켰다. 이후 미국은 타국 내전에 군사 개입을 최대한 자제하는 것을 기본 방침으로 삼게 된다. 사실 군벌 중 하나였던 아이디드도 1991년 1월 독재정권 바레를 축출한 때만 해도 미국과는 우호적이었으나 소말리아 이웃 친소국가 에티오피아를 견제하려는 미국의 입장 등으로 이해관계가 상충하면서 적대적으로 변했다.

　이런 실제 정세에도 불구하고 영화 끝에 살아남은 주인공 에버스만(조쉬 하트넷)과 전장에 다시 나가는 선임 병사 깁슨(에릭 바나) 간의 짧은 대화가 가슴 뭉클하게 한다. "또 (전투에) 가려고요?" "대원이 남아 있잖아. 고향 사람이 묻더군. '그 짓을 왜 해? 전쟁이 그리 좋아?' 그땐 대꾸하지 않았지. 아무도 이해 안 해. 우리가 싸우는 게 전우애 때문이란 걸. 그게 전쟁인데." 선임 병사는 실탄과 총을 집고는 전우를 구하려 다시 출격한다. 초강대국인 미국의 힘이 느껴지는 대목이다. 애국심은 교육을 통해 생길 수 있지만, 전우애는 실전 체험에서 얻어진다.

⚔ 그린 존 Green Zone ⚔

감독 | 폴 그린그래스 출연 | 맷 데이먼, 제이슨 아이삭스 2010년

"자네 정부는 거짓을 듣기 원했지.
그것이 사담 후세인을 제거할 가장 좋은 명분이니깐.
이게 다 자네 정부의 시나리오야."

이라크 장군이 미군 밀러 준위에게 하는 말.

이라크엔 후세인이 살 그린 존은 없다

2001년 9.11 테러를 당한 미국은 대(對)테러전을 선언하고, 핵무기 등 대량살상무기(WMD, Weapons of Mass Destruction)를 보유하고 있다며 이라크, 이란, 북한을 '악의 축'이라고 지정했다. 특히 이라크는 9.11 테러를 일으킨 알카에다와 접촉하고 있다며 후세인 정권을 무너뜨리려고 했다. 마침내 2003년 3월, 미국과 영국 연합군은 이라크를 공격했고 채한 달도 안 돼 미국의 승리로 끝났다. 이 싸움이 '이라크의 자유(Freedom of Iraq)'란 작전명의 이라크 전쟁이다.

영화 〈그린 존〉은 2003년 3월 미국이 이라크를 상대로 벌

인 이라크 전쟁을 배경으로 대량살상무기가 실제 존재했느냐에 초점을 맞추고 있다. 이라크 대량살상무기 제거 명령을 받은 한 미군 장교가 현지 이라크인의 협조를 받아 펼치는 수색 과정에서 미 정부와 언론과의 음모 등 전쟁의 또 다른 이면을 비판하고 있다. '그린 존'은 사담 후세인이 사용하던 바그다드 궁을 개조한 미군의 특별 경계구역으로, 전쟁터 속 안전지대를 뜻한다.

미 육군 로이 밀러(맷 데이먼) 준위는 이라크 내에 숨겨진 대량살상무기 제거 명령을 받고 바그다드로 급파된다. 그는 수색작전이 번번이 실패하자 제보가 엉터리라며 문제를 제기한다. 하지만 상부는 이를 묵살한다. 이라크 문제에 정통한 미 CIA 국장이 다가와 WMD는 없을 거라고 귀뜸한다. 그러면서 뭔가 찾으면 자기에게 보고해 달라고 한다. 그러던 중 이라크 청년 프레디로부터 이라크 군부들이 한자리에 모인다는 제보를 받는다. 그 집을 기습한 밀러와 대원들은 이라크 군부 핵심 장군은 놓치고 부하 한 명과 수첩 하나를 습득한다. 하지만 갑자기 등장한 미 델타포스에 의해 인질마저 빼앗긴다. 이후 밀러 준위는 습득한 수첩을 CIA 국장에게 건네면서 점차 전쟁의 실체와 마주하게 된다. 그를 저지하는 미 국방성과 델타포스, 그를 도와주려는 CIA 국장, 기득권을 보장받으려는 이라크 군벌, 특종을 쫓는 여기자가 얽히고설키며 충돌한다.

영화 속 주인공 밀러 준위는 대량살상무기를 찾아 세계 평화에 이바지한다는 사명감으로 참전한 미 육군 소속의 수색팀장이다. 하지만 그는 기존의 할리우드 전쟁영웅과는 다른 모습을 보여준다. 적군과 아군이 확연하게 나뉜 상황에서 맡은 바 임무 수행을 위해 고군분투하거나, 기계적으로 임무를 수행하는 것이 아니라 사색하고 회의한다. 적국인 이라크와 싸우러 온 그가 '대량살상무기 찾기'라는 임무에 충실하면 할수록 점점 전쟁의 명분 뒤에 숨어있는 음모에 빠져드는 모순적인 상황에 놓이게 된다는 것이다.

밀러의 이런 모습은 일사천리로 미션을 해결하는 전쟁영웅의 모습과는 거리가 있다. 결국, 대량살상무기 찾기에 실패한 그는 점차로 거짓 정보를 만들어 낸 음모의 실체를 찾아 나서는 탐정물의 수사관이 돼간다.

밀러 준위가 이렇게 된 데에는 상당 부분 그가 채용한 현지 통역관인 이라크 청년 프레디 때문이다. 프레디는 미군 편에서 일하지만, 이라크 정세에 관한 한 밀러에게 할 말을 다 한다. 오월동주(吳越同舟)인 셈이다.

프레디는 밀러에게 "당신을 위해서가 아니라 내 조국을 위해서 정보를 준다"라며 영화 종반 밀러가 이라크 장군을 체포하려는 순간, 먼저 장군을 사살하며 "우리의 일을 미국이 해결하려 하지 마라"고 충고한다.

이렇듯 주인공 밀러는 적국의 국민과 소통하며 자신의 행동을 결정하고 수행하는 이율배반적인 캐릭터다. 다만 그를 협조하는 국민이 현 이라크 전쟁의 한 축인 현존 세력이 아닌 평화를 꿈꾸는 젊은 세대란 점에서 미래 지향적이고 긍정적이다.

감독은 〈본 슈프리머시〉〈본 얼티메이텀〉 등 본시리즈를 연출한 폴 그린그래스고, 주연은 같은 영화서 제이슨 본 역으로 나온 맷 데이먼이다. 박진감 있는 전개와 현란한 핸드 헬드촬영으로 긴장감과 박진감 넘치는 전투 장면이 인상적이다.

영화 마지막 장면, 사막의 도로를 차로 달리는 주인공 밀러의 시선을 따라가면 대형 정유시설과 원유 저장고 등 방대한 석유 시설물들이 펼쳐진다. 미국이 전쟁을 벌인 진짜 이유가 바로 석유일 수 있다는 사실을 연상시키는 장면이다. 이 석유 음모론 외에도 군산복합체의 지원과 신무기 실험을 위한 전쟁설, 유라시아 세력 재편과 중국에 대한 견제설도 있었다.

✖ 허트 로커 The Hurt Locker ✖

감독 | 캐서린 비글로우 출연 | 제레미 레너, 안소니 마키, 브라이언 게라그티 2008년

'전쟁의 격렬함은 마치 마약과 같아서
종종 빠져나올 수 없을 정도로 중독된다.'

영화 프롤로그에 나오는 문구.

폭탄해체 작업은 마약

불행하게도 지구촌에 테러가 끊이질 않고 있다. 한때 급진 무장단체 이슬람국가조직(IS)의 만행에 세계가 공포에 떨었었다. 9 · 11 테러는 아직도 충격적이다. 2001년 9월 11일 미국에서 벌어진 항공기 납치 자살 테러로 뉴욕의 110층짜리 세계무역센터 쌍둥이 빌딩이 무너지고, 미국 국방성 펜타곤이 공격을 받은 대참사였다.

아랍권에서 벌어지는 테러는 대개 미국과 서방세계를 노리고 있다. 미국에 대한 적개심에 비례해 화력도 세고 방법도 잔인하다. 이들 테러 대부분은 자살폭탄 테러다. 사람의 몸에 폭탄을 설치해 자폭하는 방식이다. 태평양 전쟁 때 일제가 행한

조종사가 탄 전투기가 군함 등 목표물에 그대로 돌진, 자폭하는 가미카제와 비슷하다. 너 죽고 나 죽자는 막가파식이다. 더 큰 문제는 일반 시민은 말할 것도 없고 어린아이까지 동원한다는 것이다. 아무리 전쟁이지만 아이의 몸에 폭약을 묶는 어른들의 잔인함에 무슨 말을 더 하겠는가. 그 폭약을 해체하는 군인들의 심적 압박은 또 어떠하겠는가.

영화 〈허트 로커〉는 이라크에서 활동하고 있는 미군 폭발물 제거반(EOD)의 활약상을 다룬 영화다. 'EOD'는 Explosive Ordnance Disposal의 약자이다. 말 그대로 폭발물 처리가 주임무인데, 전쟁에서 사용하는 모든 종류의 폭발물에 대한 전문지식을 갖추고 오랜 기간 훈련과 경험을 통해 고도로 숙련된 특수부대 군인들이다.

제거반 대원들은 3인 1조의 분대로, 1명이 폭발물을 처리하면 나머지 2명은 경계를 선다. 그 경계병은 폭발물 처리 대원이 또 다른 테러를 당하지 않게 촉각을 곤두세우며 임무를 수행한다. 위험성 때문에 탐지로봇을 이용하기도 하지만 특수 방탄복을 입은 제거반 부대원들이 직접 처리하는 경우가 대부분이다. 자칫하면 목숨을 잃을 수 있어 대원들의 심리적 부담감은 클 수밖에 없다.

영화는 '육체적 또는 정신적 고통을 주는 시간'이란 '허트 로커(The Hurt Locker)'의 사전적 의미를 상기시키듯 등장인물

뿐만 아니라 보는 시간 내내 관객을 심리적으로 압박한다. 전투 장면은 별로 없지만, 어느 전쟁영화보다도 긴장감이 있다. 폭발물을 제거하는 처리반 대원의 눈빛, 손끝, 미세한 표정에서 숨 막힐 것 같은 스릴과 공포를 느낄 수 있다.

'전쟁의 격렬함은 마치 마약과 같아서 종종 빠져나올 수 없을 정도로 중독된다'란 문구로 시작하는 영화의 초점은 이라크 주둔 미군 폭발물 처리반(EOD) 3명의 병사에 맞춰 있다. 팀장 격인 하사 제임스(제레미 레너)에 집중한다. 불의의 사고로 팀장을 잃은 EOD팀에 새로 부임한 제임스는 독단적 행동으로 2명의 팀원을 왕왕 위험에 빠뜨린다. 가뜩이나 언제 터질지 모를 폭발물과 시민인지 테러리스트인지 구분할 수 없는 낯선 사람들로 극도의 긴장과 불안감에 떨고 있는데, 제멋대로 행동하는 팀장 제임스가 정상적으로 보일 리가 없다. 그는 폭탄 처리 도중 아차 하면 폭발할지도 모를 상황에서도 무장하지도 않으며 오히려 그를 보호하러 총을 들고 불안해하는 동료 대원들을 비웃는다. 아내와 아들이 있는데도 마치 게임을 즐기려는 듯 전쟁터를 떠나지 못한다.

제임스의 무리한 임무 수행으로 팀원들 간의 갈등은 깊어져 간다. 하지만 EOD팀 3명은 숨 막히는 공포 속에서 하루하루 본국으로 돌아갈 날을 손꼽으며 임무에 최선을 다한다. 그러던 중 임무 교대 16일을 남긴 날, 제임스는 비디오를 사주며 친하게 지내던 이라크 소년이 인간 폭탄으로 희생된 것을 목격하고는 격분해 테러의 정체를 찾으러 가지만 불발에 그치고 만다. 차츰 자신이 행한 일에 회의가 드는 제임스. 임무 교대 2일을 남기고, 작전 중인 제임스 앞에 온몸이 폭탄으로 묶인 남자와 맞닥뜨린다. 시민인지 테러리스트인지 분간이 안 가는 제임스. 안간힘에도 폭탄 제거에 실패하고 시민은 희생된다. 심한 혼란스러움과 자괴감에 빠진 제임스는 결국 귀국한다. 하지만 얼마 후, 제임스는 다시 델타 부대로 배치돼 이라크에 파병, 폭발물 처리를 위해 오뚝이처럼 전투 현장에 힘차게 들어간다.

영화의 주제는 중독이다. 손에 땀을 쥐게 하는 폭발물을 무사히 해체한 후 오는 안도감과 쾌감에 빠져든다는 것이다. 주인공 제임스는 극도의 위험과 희생에 지쳐 전장을 떠나지만 이내 그 쾌감을 잊지 못해 다시 전장에 스스로 찾아오는 캐릭터다. 영화는 비정상을 일상으로 만드는 전쟁은 마약이라고 주장한다. 연출은 여성 감독 캐서린 비글로우가 맡았는데, 82회 아카데미 작품상과 감독상 등 6개 부문을 수상했다. 한때 남편이었던 제임스 캐머런 감독이 만든 〈아바타〉를 누르고 받은 상이어서 세간의 화제였다.

영화는 탄탄한 연출과 빠른 전개, 사실적이고 디테일한 테러 현장의 모습에 긴장감이 넘친다. 마치 다큐멘터리 같은 느낌이 들 정도로 화면이 생생하고 힘이 있다. 영화는 전쟁하는 등장인물들을 선과 악의 대결이라든가, 비주얼한 액션 장면으로 전개하는 대신 그저 전쟁터에 내던져진 병사들, 특히 폭탄 해체 임무를 수행하는 군인들의 모습을 담고 있다. 끔찍한 전쟁 상황을 사실적이지만 건조하게 표현했다는 평이다.

세계가 자살폭탄 테러(Suicide Bombing)에 경악하는 이유는 반(反)인륜적이고 반문명적이기 때문이다. 작금의 자살 테러가 새뮤얼 헌팅턴이 쓴 『문명의 충돌』이긴 해도 이슬람 종교가 테러를 추동하진 않을 것이다. 종교는 폭력을 동기로 삼아선 안 되기 때문이다. 종교적 이유로 남을 죽이는 것은 세속의 다른 이유로 죽이는 것보다 더 숭고하지도 신앙적이지 않다.

✕아메리칸 스나이퍼✕

American Sniper

감독 | 클린트 이스트우드 출연 | 브래들리 쿠퍼, 시에나 밀러, 제이크 맥더맨 2014년

"호흡을 지배하면 마음을 지배한다."

전설적인 스나이퍼 카일이 적을 저격할 때 반복적으로 되뇌는 말.

이라크 전쟁 영웅의 진혼사

폐허가 된 황량한 중동의 시가지. 여기저기 건물 벽돌이 깨져 있고 인적이 끊겼다. 그 한 가운데를 미군 탱크와 험비(Humvee 미군용 사륜구동 차량)가 위협적으로 들어온다. 그 양 옆으로 미군들이 긴장된 표정으로 사주경계를 하며 집을 수색한다. 이때 이슬람 전통 의상인 히잡을 두른 여자와 소년이 나와 미군들을 향한다. 그녀가 무언가를 조심스레 소년에게 건넨다. 수류탄이다. 소년이 미군들을 향해 수류탄을 던지려는 순간 공중에서 총탄이 날아온다. 피를 토하며 쓰러지는 소년. 여자가 떨어진 수류탄을 다시 집어 던지려는 데 다시 날아와 정확

크리스 카일과 영화 〈아메리칸 스나이퍼〉에서 크리스 카일 역을 연기한 브래들리 쿠퍼

히 가슴에 꽂히는 총탄. 순간 카메라가 하늘을 날듯 위로 치솟으면, 건너편 건물 옥상 창문 사이로 삐죽이 나와 있는 긴 총열이 보인다. 그 총열 끝에 조준경이 달린 장총을 쥔 미군, 저격병이다. 그의 임무는 전쟁터에서 동료를 죽이려는 적군을 미리제거하는 것. 적군에겐 저승사자요, 아군에겐 수호신이다. 그가적군을 저격했기에 동료 전우들의 생명을 지킬 수 있었다.

전장에서 저격병은 아주 경제적인 전술 행위를 한다. 은폐된 유리한 위치에서 한방의 총성으로 적에게 치명적인 피해를줄 수 있다. 하지만 저격병은 악역이다. 덫을 놓는 사냥꾼처럼상당 기간 기다리다 전적으로 자신의 판단으로 방아쇠를 당겨 상대의 목숨을 끊는 행위다. 심적인 고통이 클 수밖에 없다. 이를 극복할 수 있는 것은 강한 애국심과 피나는 훈련뿐이다.

영화 〈아메리칸 스나이퍼〉는 2003년 이라크전에 참전해 적군에게는 악마였으나 아군에게는 영웅이었던 남자, 공식 160명, 비공식 255명을 저격 사살한 미 해군 네이비 실(Navy SEALs) '전설의 저격수' 크리스 카일의 실제 이야기다. 그는 4번 파병에 총 이라크군 복무 기간 1,000일을 넘긴 베테랑 군인이다. 이라크 전쟁 이후, 후세인 정권이 무너진 후에도 상당 기간 미국은 이라크 반군과 전쟁을 치렀는데 영화는 이를 배경으로 하고 있다.

최고의 저격수 카일은 마치 하늘에 있는 신처럼 항상 적보다 높은 위치에서 아래를 보며 적군에게 결정적인 한 방을 날린다. 조준경의 안에 들어온 대상은 세상과 연을 끊은 '물체'일 뿐이다. 그 대상이 생물이든 무생물이든, 혹은 종교, 신념, 가치관, 세계관과도 상관이 없다. 그것은 의사가 도려내야 할 환자의 환부와 같다. 카일은 스스로 "호흡을 지배하면 마음을 지배한다"라는 말을 반복적으로 되뇌며 집중력을 높여 간다. 하지만 인간의 생명을 빼앗는 일은 신의 영역이다. 그도 총을 거두고 지상에 내려오면 천당에서 지옥으로 떨어지듯 나락에 빠져 괴로워한다. 그 역시 속세의 한 가정의 가장이고, 한 아내의 남편이자, 자식들의 아버지이기 때문이다.

카일은 애국심 하나로 똘똘 뭉친 남자다. 미 텍사스 카우보이 출신인 그는 세상에서 가장 정의로운 나라인 미국을 지키기 위해 자원입대했으며 미국을 위협하는 것들은 다 야만인이라고 규정한다. 그가 입대한 결정적인 계기는 9.11 테러 사건. 세상은 선과 악의 투쟁이고, 자신은 항상 정의의 편에 서 있다고 믿고 있는 부친의 교육에 크게 영향을 받고 성장했다. 영화는 애국심은 가정의 일상에서 출발하는 것이라고 강조한다.

카일의 애국심은 유사시 전우애로 구체화된다. 카일은 전장에서 돌아와 가족과 함께 있는 일상에서도 "난 단연코 친구들을 해치려는 적만을 죽여 전우들을 보호했다. 날 괴롭히는 것은 여기에 있으면서 동료들을 지켜주지 못하고 있다는 것이다"라며 강한 전우애를 나타낸다. 그에게 이라크인은 조국을 괴롭히는 테러집단일 뿐이다. 영화 초반 그는 적과 대립할 때 어떤 윤리적 동요도 없이 기계적으로 행동한다. 오직 악을 청소하려는 터미네이터 같은 캐릭터다. 하지만 이 같은 카일의 전우애는 아내에겐 지나친 혹은 병적인 심리상태로 인식돼 갈등을 유발한다. 그는 "이제는 자신이 사랑했던 남자가 아닌 것 같다"는 아내의 눈물을 뒤로하고, 조국을 위해, 한 명의 전우라도 더 살리기 위해 적지 이라크로 다시 떠난다.

감독 클린트 이스트우드는 80세가 넘는 노장답게 인생에 대한 통찰과 사려 깊고, 섬세한 연출력을 보여준다. 감독은 영화를 통해 '국가의 가치를 존중하고, 자유와 책임을 다하기 위해 싸우는 국민은 위대하다'는 메시지를 분명히 하고 있다. 전쟁영화의 거장이기도 한 감독이 영화 전반에 걸쳐 사실적으로 그려 낸 시가전 장면과 영화 종반 모래 태풍 속에서 벌어지는 총격전은 〈이오지마에서 온 편지〉 등 그의 다른 영화 전투장면과 비교해도 손색이 없다.

영화 엔딩 부분의 실제 2013년 유명을 달리한 크리스 카일의 장례식 다큐멘터리 필름은 영화의 메시지를 강하게 전한다. 영웅을 보내는 성조기를 든 시민의 행렬은 위대해 보인다. 국가가, 국민이 전쟁영웅을 어떻게 대접해야 하는지를 보여주는 장면이다. 미국 패권주의적인 색채와 상관없이 영화 내용과 잘 어울려 자연스러워 보인다. 엔딩 화면 위로 흐르는 엔니오 모리코네의 트럼펫 솔로곡 '장례식(The Funeral)'의 장엄하면서도 애잔한 선율은 영화가 끝난 다음에도 큰 여운을 남긴다.

✕ 론 서바이버 Lone Survivor ✕

감독 | 피터 버그 출연 | 마크 월버그, 테일러 키치, 벤 포스터 2013년

"그는 내 손님이다."

미군 마커스 하사를 인계하라는 무장 탈레반에게 파슈툰 부족인 굴랍이 하는 말.

교전수칙의 딜레마, 적과 민간인은 종이 한 장 차이

전쟁은 판단을 강요한다. 자칫 오판은 치명적인 화를 부른
다. 때론 죽음을 자초한다. 전시에 판단 기준은 교전수칙이 우
선한다. 매뉴얼은 심리적인 안정감을 가져다준다. 하지만 돌
발 상황이 끊이지 않는 전쟁터에서 교전수칙에 전적으로 매달
릴 순 없다. 특히나 민간인과 적군이 분간 안 되는 상황에 직면
하면 더 그렇다. 여기에는 복잡한 윤리문제가 따르기 때문이다.
현장에서 판단을 내릴 수 없다면 상부 지시를 따르는 게 상책이
다. 하지만 상부와도 연락이 두절된다면?

영화 〈론 서바이버〉는 2005년 실제 아프가니스탄 산악지대
에서 펼쳐진 미군의 '레드 윙 작전(Operation Red Wing)'을 소

재로 하고 있는데, 교전수칙과 그에 따른 복잡한 윤리문제를 다루고 있다. '레드 윙'은 탈레반 부사령관 아마드 샤를 제거하기 위해 미군 네이비 실 정예요원 4명이 투입된 작전명이다. 영화는 실제로 누가 적군이고 누가 민간인인지 식별하기 어려운 상황에서 교전수칙을 지키겠다는 것은 앞으로 있을 위험과 희생을 각오해야 한다고 경고한다.

영화는 실존 인물인 미군 네이비 실 마이클 머피 대위가 세 명의 하사관과 함께 아프가니스탄 산악지대에 투입되면서 시작한다. 정찰 전문 매튜, 통신 담당 대니, 의무병이자 저격수 마커스 하사가 그들이다. 이들 4명은 적지에 떨어지면서 바로 본부에서 낙하지점을 잘못 계산했다는 것을 직감한다. 불길하다. 아니나 다를까 4명의 대원이 본격적인 임무 수행을 위해 잠복해 있던 중, 양치기 일행에게 정체가 발각된다. 불길함이 현실로 다가온 순간이다. 완벽한 작전 수행을 위해 이들을 죽일 것인가, 아니면 살릴 것인가. 논쟁 끝에 현장의 최고 상급자는 그들을 민간인으로 보고 교전수칙에 따라 살려준다. 하지만 그 판단은 엄청난 결과를 초래한다.

이때부터 탈레반 무장 세력과 1박 2일 동안 혈투가 벌어진다. 잘 훈련된 최정예 군인들이었지만 통신은 두절되고, 수적으로도 절대 열세고, 지형도 모르는 사면초가 상태에서 살아남기 위한 처절한 전투를 벌인다. 암벽을 맨몸으로 구르는 사투를 벌이며 끝까지 싸우지만 한 명씩 부상을 입고, 상황은 점점 악화

영화 〈론 서바이버〉　　　　　　　　　　　　　출처 · UPI 코리아

한다. 4명의 대원이 벌이는 산악지대에서의 전투 장면은 실제
전투처럼 사실감이 있다. 극한 상황에서도 동료를 생각하고 행
동하는 전우애와, 한순간의 선택이 가져온 외롭고도 처절한 사
투가 영화 전편에 실감 나게 담겨있다.

　영화 후반의 반전은 또 다른 감동을 선사한다. 동료들을 모
두 잃고 혼자 살아남아 사경을 헤매다 웅덩이에 빠진 마커스 하
사. 이때 아프가니스탄 파슈툰 부족의 굴랍이라는 사내는 그에
게 구원의 손을 내민다. 마커스를 자신의 집으로 데려온 굴랍은
음식물을 주며 보호해 준다. 하지만 마커스를 발견하고 죽이려
는 탈레반. 이때 굴랍은 탈레반에게 총을 겨누고, 자신들의 율
법인 '파슈툰왈리'에 입각해 단호하게 말한다. "그는 내 손님이

레드 윙 작전의 실존 인물들

다." 탈레반과 일전도 불사한 굴랍과 마을 사람들은 미군에게 마커스 하사를 무사히 인계한다. 뜨거운 인류애가 빛을 발하는 감동적인 장면이다.

영화는 대원들 간의 희생정신과 전우애를 강조하고 있지만 미국식의 영웅주의로만 그리지 않는다. 작전의 임무도 끝까지 수행하지 못했을 뿐만 아니라 대원 중 한 명만 겨우 살아 탈출했기 때문이다. 영화는 자신이 공격당하고 전사할 수도 있는 일이 생기더라도 교전수칙을 지켜야 할까 하는 꽤 복잡한 윤리적인 질문을 던지고 있다. 공격 무기를 갖고 있지 않은 적대국 민간인에게 '있을 수도 있을' 위협을 사전에 제거하기 위해 군사적인 행동을 해야 하는가. 정당한 전쟁을 치르기 위해선 하는 수 없이 그들을 살려둘 수밖에 없을 것이다. 하지만 문제는 전쟁 상황에선 이런 경우가 빈번하게 일어나고 그때마다 결정을 내려야 한다는 것이다. 파슈툰 부족의 율법 '파슈툰왈리'도 미군의 교전수칙 이상으로 인간적이고 도덕적이다. 이 아프가니스탄 율법은 2,000년 동안 내려온 것이며 지금까지도 이 마을 사람들은 이 율법에 따라 탈레반과 싸우고 있다고 한다.

실화를 근거한 이야기(Based on a true story)란 자막으로 시작하는 〈론 서바이버(Lone Survivor)〉는 제목 그대로 혼자 살아남은 마커스 러트렐의 소설을 원작으로 했다. 영화에 등장하는 무기와 장비들은 실제 미군의 전폭적인 협조로 사실대로 재현했다. 치누크, 아파치 헬리콥터 등과 차량, 실제 해병대대원이 직접 참가했다. 영화는 실감 나는 전투 신이 압권인데 보는 사람이 싸움터 한복판에 있는 듯 사실적이다. 레드 윙 작전은 영화 〈블랙 호크 다운〉의 모가디슈 전투만큼이나 무모했던 전투로 기록하고 있지만, 우리에게 성공한 작전 이상의 교훈과 감동을 주고 있다.

영화 시작 부분에 나오는 실제 미군 네이비 실의 혹독한 훈련과정의 영상과 '레드 윙 작전 전우에게 바친다'란 글이 나오는 영화 끝부분의 전사한 실존 인물들과 동료, 아내, 가족 등의 영상은 보는 이의 마음을 짠하게 한다.

6장

한국 전쟁사

전쟁 너머 평화로

한국 전쟁사 – 전쟁 너머 평화로

〈안시성〉 길이 남을 마지막 동북아 승전사

〈신기전〉 세종이 만든 신기한 로켓포, 한반도를 지키다

〈명량〉 충무공, 울돌목 기적을 만들다

〈남한산성〉 병자호란에 갇힌 조선의 왕

〈암살〉 광복군의 게릴라전

〈태극기 휘날리며〉 태극기 휘날리기엔 너무나도 아픈 골육상잔

〈인천상륙작전〉 맥아더 장군의 신의 한 수, 전세를 뒤엎다

〈고지전〉 너무 오래 싸워 왜 싸우는지도 잊어버렸다

〈연평해전〉 휴전 후, 최대 해상 전쟁이 벌어지다

"전하와 사대부들이 청을 섬기든,
명을 섬기든 저와는 상관없는 일이옵니다.
저 같은 놈들이야 그저, 봄에 씨를 뿌리고
가을에 거둬, 겨울을 배곯지 않고 날 수 있는
세상을 꿈꿀 뿐입니다."

- 영화 <남한산성> 중 대장장이 날쇠가 격서를 들고
적진에 뛰어들기 직전, 상헌에게 하는 말.

한반도는 미국과 일본을 중심으로 하는 해양세력과 중국, 러시아의 대륙세력이 충돌하는 지역이다. 이 같은 지정학적 위치 때문에 한반도는 미국·중국·러시아·일본 강대국의 영향으로부터 자유롭지 못했다.

고대 고구려는 중국 수나라와 당나라로부터 여러 차례 공격을 받았다. 고구려는 수나라의 침략에도 최전방 전략요충지 요동성을 잘 지켜냈다. 을지문덕은 위장 전술로 수나라군을 유인해 살수(薩水, 청천강)에서 크게 승리했다. 수나라에 이어 당나라 역시 고구려를 공격해 왔다. 당 태종은 고구려의 개모성 요동성 백암성 등을 차례로 함락시켰다. 하지만 안시성만큼은 정복하지 못한 채 철수했다. 안시성의 성주 양만춘과 5천 주민이 힘을 합쳐 성을 지킨 것이다. 645년 안시성 전투를 그린 영화가 김광식 감독의 〈안시성〉이다. 안시성을 사이에 놓고 치열한 공방전을 이어가는 블록버스터 전쟁영화이다. 한국 영화로선 드물게 동북아 고구려 승전사를 규모 있게 표현했다.

조선은 중국 등 북방세력과 일본 남방세력 사이에서 끊임없는 줄다리기를 해야 했다. 양쪽 세력의 침략을 슬기롭게 물리친 적도 있었으나 굴복한 적도 적지 않았다.

조선의 외교정책은 투 채널이었다. 명(明)에 대해서는 사대(事大)를, 일본과 여진족에 대해서는 교린(交隣)정책을 실시했다. 교린정책이란 회유책과 강경책을 병행하는 것이다. 세종 4군 6진의 개척은 여진족에 대한 강경책이고, 사신 파견, 북평관 설치 등은 회유책이다. 세종의 4군 6진 개척 등 북진정책으로 압록강─두만강으로 이어지는 현재와 같은 국경선을 확보했다. 세종은 과학에 관한 관심과 함께 자주국방의 의지가 남달랐다. 북진정책을 수행하기 위해 로켓추진 화살인 신기전(神機箭)을 제작해 실전에 썼다. 김유진 감독의 〈신기전〉은 세종이 명(明)과 여진족을 상대로 신무기 신기전을 사용해, 국경을 사수한다는 내용이다.

1592년 선조에 이르러선 해양세력 왜(倭)가 대륙진출 명분을 앞세워 조선을 공격한 임진왜란이 발발했다. 조선은 대륙세력인 명과 연합해 해양세력 일본을 물리쳤다. 김한민 감독의 〈명량〉은 이순신 장군의 명량해전을 소재로 해양세력인 왜와의 전쟁을 그렸다.

중국에서 권력의 지각변동이 있고 난 뒤, 명에 이어 대륙 중심세력으로 성장한 청(淸)이 다시 조선에 쳐들어 왔다. 조선 인조는 청 태종에게 무릎을 꿇고 만다. 황동혁 감독의 〈남한산성〉은 청과의 전쟁, 병자호란(丙子胡亂, 1636년 12월 1일)을 다룬 영화다.

1910년 대한제국은 결국 해양세력인 일본 제국주의에 합병됐다. 일제가 한반도를 발판으로 중국을 침략할 수 있는 발판을 마련한 셈이다. 일제의 한민족 말살 정책은 3.1운동을 불러왔다. 이후 대한 독립단, 대한 독립군, 광복군총영, 서로군정서, 북로군정서, 의혈단 등 여러 독립군 단체가 출현해 독립전쟁을 벌였다.

독립군은 1920년 6월, 홍범도 장군의 봉오동 전투와 김좌진 장군의 청산리 전투에서 큰 전과를 올렸다. 이에 화가 난 일제가 독립군을 토벌한다는 명목으로 간도 지방에 살고 있던 무고한 한국인을 학살한 사건이 간도참변(間島慘變)이다. 의혈단은 '정의로운 일을 맹렬히 하자'며 1919년 11월 만주 지린성에서 조직된 항일 무력 독립운동단체다. 일제 요인 암살과 테러가 주 임무였으며 일제를 상대로 게릴라전을 전개했다. 최동훈 감독의 〈암살〉은 간도참변 때 살아남아 성장한 의혈단원의 독립전쟁을 그렸다.

한반도의 지정학은 1950년 동서 이념전쟁을 불러왔다. 냉전 체제 아래 미·소 개입으로 형성된 한반도 분단 상황에서 북한이 기습적으로 불법 남침한 한국전쟁(Korean War)이 일어난 것이다. 대리전 성격인 이 전쟁은 남북한 모두에게 엄청난 희생을 강요했다. 강제규 감독의 〈태극기 휘날리며〉는 한국전쟁에 참전한 형제 이야기다. 국군과 북한군을 오가며 이념에 희생된 한 청년의 비극적인 삶을 그렸다. 한국전쟁 당시 맥아더의 인천상륙작전 성공과 켈로 부대의 활약상을 그린 영화가 이재한 감독의 〈인천상륙작전〉(1950년 9월 15일)이다. 장훈 감독의 〈고지전〉은 3년 넘게 계속된 한국전쟁의 종전 직전을 그린 영화다. 고지를 탈환해 휴전 후 조금이라도 많은 영토를 차지하려는 남북병사들 간의 골육상쟁 이야기다.

한국전쟁은 450만 사상자와 1천만 이산가족, 2차 대전 후 유일한 분단국가, 가난, 폐허 등의 고통을 남겼다. 휴전 이후 남한은 자유 민주주의 체제를, 북한은 김일성-김정일-김정은으로 세습되는 1인 독재 사회주의를 유지하고 있다.

김대중 정부 시절, 2002년 월드컵 3, 4위전이 있던 날, 서해에서 남북한이 충돌한 '연평해전'이 일어났다. 이 전투를 다룬 영화가 김학순 감독의 〈연평해전〉이다. 2002년 6월 29일, 서해북방한계선(NLL)을 침범한 북한군과 우리 해군 간의 전투를 담았다.

2018년 바야흐로 한반도에 평화의 시대가 오고 있다. 한반도를 둘러싼 정세가 그 어느 때보다 급변하고 있다. 남북이 정상회담을 했고 미국과 북한 정상이 70년 만에 얼굴을 마주 보고 외교 테이블에 앉기도 했다. 하지만 한반도 지정학은 크게 변하지 않을 것이다. 우리를 둘러싸고 있는 미·러·중·일 4개의 강대국의 영향력은 옛날이나 지금도 같고, 미래 역시 여전할 것 같기 때문이다.

'평화는 총구에서 나온다'는 말처럼 오히려 전쟁에 대한 대비를 더 철저히 할 때인 줄 모른다. 한반도에서 벌어진 전쟁사가 이를 증명해 왔다.

평화의 시대를 맞는 남북한의 숙제도 만만치 않다. 무엇보다 1945년 해방 이후 '딴 나라'가 된 민족 동질성을 다시 찾아야 하고, 남북한의 심각한 경제 격차도 해소해야 한다. 그래야 전쟁이 없는 진정한 평화의 시대를 올 것이다.

✕ 안시성 The Great Battle ✕

감독 | 김광식 출연 | 조인성, 남주혁, 박성웅 20017년

"넌 이기는 싸움만 하느냐?"

당나라와의 전투를 앞두고 사물이 "어차피 질 싸움인데 왜 하시는 겁니까?"라고 묻자
안시성 성주 양만춘이 하는 말.

길이 남을 마지막 동북아 승전사

안시성 전투는 645년 고구려가 중국 당나라와 싸운 전쟁이
다. 수나라에 이어 중국 대륙을 차지한 당 태종은 신라, 백제의
요청과 자신의 '형제의 난' 수습책으로 고구려를 공격할 명분을
찾고 있었다. 그러던 중 연개소문이 친(親) 중국 성향의 영류왕
을 죽이고 권력을 차지한 것을 빌미로 공격해 왔다.

당 태종은 고구려의 개모성, 비사성, 요동성, 백암성 등을
차례로 함락시켰다. 하지만 안시성은 무너지지 않았다. 안시성
의 성주 양만춘과 주민들이 하나가 돼, 당나라군의 공격을 잘
막아냈기 때문이었다. 뜻밖의 고구려군의 저항에 당황한 당 태
종은 안시성 높이와 같은 흙산을 쌓았다. 그러나 흙산의 한쪽이
무너지면서 되레 양만춘에게 빼앗기고 만다. 당 태종은 철수할

수밖에 없었다.

　이리하여 안시성의 성주 양만춘과 5천 명의 주민들이 힘을 모아 3개월 만에 수십만의 당나라 군대를 기적적으로 물리친 것이다.

　영화 〈안시성〉은 고구려 장수 양만춘의 안시성 전투를 그리고 있다. 잊힌 역사 속의 승전사, 안시성 전투를 소환해 드물게 고구려의 기개를 보여준 블록버스터 전쟁영화다. 중국 당나라 군대에 맞서 안시성을 지키려는 고구려 성주 양만춘과 주민들의 모습이 감동적이다.

　영화는 주필산 전투에서 당나라에 패배한 후, 양만춘(조인성)을 죽이라는 연개소문의 비밀 지령을 받고 안시성에 잠입한 태학도 수장 사물(남주혁)이 양만춘을 만나면서 전개된다. 이후 사물은 양만춘을 암살할 여러 번의 기회가 있었으나 당나라 군대에 대항해 싸우는 양만춘과 그를 따르는 부하와 주민들을 보고 생각을 바꿔 당나라와 싸워 물리친다는 이야기다.

　상영 시간이 2시간 15분이나 되는 영화는 안시성을 중심으로 공격과 방어를 이어가는 전투 장면에 대부분을 할애할 정도로 전투 자체에 집중한다. 압도적인 물량을 쏟아부은 전쟁 스펙터클이 시각적 쾌감을 주며 전쟁 영화의 판타지를 선사한다. 실제 전투에 대한 역사적인 기록이 짧아 그만큼 허구의 영역이 넓어져 전쟁영화의 클리셰(cliche)를 총동원할 수 있었다. 선봉에 서서 전투를 이끄는 전쟁영웅을 포함해 공성탑(攻城塔), 운제

(성을 공격할 때 사용하던 높은 사다리) 등 공성 무기들이 등장하는 공성전(攻城戰), 여인부대의 활약, 감초 역의 조연급 장수들, 애절한 멜로 등 고대 전쟁영화의 특징들을 두루 동원했다. 주필산 전투와 2번의 대규모 공성전, 토산 전투 등 화려한 전쟁 장면들을 실감 나게 보여준다. 전투 장면에 활용된 상당 부분의 CG도 전쟁영화의 스펙터클에 일조한다.

영화는 성주 양만춘이 5천 명의 주민과 하나가 돼 당나라 군대를 물리치는 지도자로서의 리더십을 재현해 낸다. 주민 위에 군림하는 성주가 아니라 주민들과 함께 고락을 같이하는 지도자였음을 여러 장면들을 통해 보여준다. 검소한 주민 복장으로 진흙탕에 빠진 나귀의 수레바퀴를 빼주는 첫 등장 장면이나 아기를 낳은 주민 집에 들러 아기 이름을 '만춘'으로 지어주며 격의 없이 대화하는 장면 등이 그것들이다. 양만춘은 고구려 장수로서의 기백도 남달랐다. 영화 중반, 당나라와의 전투를 앞두고 사물이 "어차피 질 싸움인데 왜 하시는 겁니까?"라고 묻자 양만춘은 "넌 이기는 싸움만 하느냐?"며 수성(守成)에 대한 강한 의지를 드러낸다.

실제 양만춘 인물에 대한 역사적인 기록은 거의 없다. 언제 어디서 태어나서 어떻게 살다가 죽었는지 알 수가 없다. 가공인물일 수도 있다. 대부분 '안시성주(安市城主)'로만 표현돼 있다. 조선 후기에 와서야 일부 자료에 '양만춘'이라고 전하고 있다. 왜 그럴까? 역사는 이긴 자의 기록이기 때문이다. 전투에서 패배한 중국 당나라도, 후에 삼국을 통일한 신라도 고구려의 승리 기록에 인색했다는 것이다. 이런 측면에서 영화 '안시성'의 상영은 우리의 동북 아시아지역에서 고구려의 기개를 잘 드러낸 승전사를 소환했다는 데 의미가 있다.

더욱이 중국이 지금 자국의 국경 안에서 이루어진 모든 역사는 중국의 역사이므로 고구려와 발해의 역사 역시 중국의 역사라고 주장하는 동북공정(東北工程)을 생각할 때 영화 이상의 의미가 있다. 중국은 고구려를 고대중국의 지방민족정권으로 주장하고 고구려의 역사를 중국 역사로 편입하려 하고 있다.

당시 양만춘과 연개소문의 관계는 영화의 표현대로 실제 불편했다. 연개소문이 정변을 일으켜 대막리지가 돼 권력을 장악했을 때에도 양만춘은 굴복하지 않았다. 연개소문은 하는 수 없이 안시성의 통치권을 그대로 인정했다. 연개소문도 건드릴 수 없을 만큼 확고한 위치를 차지했다고 보여진다. 하지만 당나라가 침입했을 때 두 사람은 불편한 관계를 뒤로하고 연합해 고구려를 지켰다.

한반도는 대륙세력과 해양세력이 충돌하는 지역이었다. 중국은 안시성 전투, 병자호란이 말해주듯 한반도를 대륙 일부분쯤으로 생각했고, 일본은 임진왜란, 국권 침탈에서 알 수 있듯이 대륙 진출을 위한 발판으로 여겼다. 불행하게도 이 같은 지정학은 쉽게 변할 것 같지 않다. 제2, 제3의 안시성 싸움이 안 일어난다고 장담할 수 없다.

✕신기전 The Divine Weapon ✕

감독 | 김유진 출연 | 정재영, 한은정, 허준호 2008년

**"명나라 사신에게도 4배를 하거늘,
하물며 내 나라 백성에게 절을 하는 것이 어찌 허물이 된단 말이더냐?"**

세종이 보부상 설주에게 절을 하려 하자 이를 만류하는 신하를 향해 세종이 하는 말.

세종이 만든 신기한 로켓포 신기전, 한반도를 지키다

북진정책은 고려에 이어 조선에서도 중시됐다. 특히 세종은 한반도 동북쪽 국경을 침입하던 여진족을 몰아내고 4군을, 김종서를 보내 두만강 일대에 6진을 개척했다. 이로써 조선의 국경은 압록강과 두만강 일대로 확정됐고, 현재까지 한반도와 중국의 국경으로 자리 잡았다.

세종 30년(1448년)엔 과학기술이 발전해 로켓기술을 보유하고 있었는데, 로켓추진 화살인 신기전(神機箭)이 그것이다. '신기하게 스스로 날아가는' 15세기 최고의 첨단과학 무기였던 셈이다. 신기전은 고려 시대 최무선에 의해 발명된 로켓병기인

주화(走火, 달리는 불)를 기본으로 만들어진 것으로 임진왜란 당시 거북선과 함께 비장의 무기로 활용됐다. 신기전은 크기와 형태에 따라 소·중·대·산화(散火)신기전 등 4가지 종류가 있었다.

영화 〈신기전〉은 조선 역사에 실재한 세계 최초의 다연발 로켓 화포 신기전을 소재로, 극비리에 신무기 개발에 착수한 세종과 이를 방해하는 명나라와의 대결을 그렸다. 신기전이라는 역사적인 사실(fact)에 허구적인 스토리(fiction)를 입힌 팩션(faction)이다. 신기전의 위용을 볼 수 있는 스펙터클한 전쟁장면이 압권이다.

1448년 세종 30년, 중국의 명(明)은 조선이 새로운 화기를 개발한다는 것을 알고는 조선의 화포연구소를 습격한다. 이에 세종의 호위무사인 창강(허준호)은 연구소 도감의 딸이자 신기전 개발의 모든 것이 담긴 총통등록을 가진 홍리(한은정)를 부보상단 설주(정재영) 집에 피신시킨다. 설주는 명 사신단이 온다는 소식을 듣고 한 몫 제대로 챙길 계획을 했으나 잘못된 정보로 전 재산을 잃게 된 처지였다. 상단(商團)을 살리기 위해 홍리를 맡은 설주는 그녀가 비밀병기 신기전 개발의 핵심인물임을 알고는 부담스러워 되돌려 보내려 한다. 하지만 그녀가 보여준 신기전의 위력에 매료되면서 신기전 개발에 합류하게 된다. 그러나 명나라 무사들의 급습으로 총통등록은 빼앗기고 신기전 개발은 미궁에 빠진다.

한편 조선이 굴복하지 않자 명과 여진족은 대군을 이끌고 압록강까지 쳐들어와 조정을 압박한다. 세종은 백성들의 안위를 위해 신기전 개발을 그만둘 수밖에 없게 된다. 이에 분노한 설주는 어명을 어기고 신기전의 완성에 박차를 가하며 일전에 대비한다.

영화는 '로켓 화포' 신기전 개발에 초점을 맞추고 있는데 당시 명의 위협 속에서도 새 무기를 개발하려는 세종의 자주국방 의지를 잘 표현하고 있다. 명에 사대교린(事大交隣) 할 수밖에 없는 입장에도 불구하고 신기전의 성능과 위용을 느낄 수 있는 스펙터클한 전쟁을 보여줘 우리 관객들에게 통쾌함을 선사한다. 신기전이 하늘을 날아 적군에 떨어지는 장면이 장관이다.

영화는 현재 거의 알려진 게 없는 신기전을 처음으로 발굴해 재현했다. 국조오례서례(國朝五禮序例)의 병기도설(兵器圖說)에 따라 단지 외형뿐만 아니라 실제 발사까지 가능한 진짜 신기전을 사실대로 복원하고 재현해 영화의 사실성을 높였다. 특히 영화의 전개에 맞춰 소, 중, 대신기전을 순차적으로 사용하면서 그 위용을 잘 보여주고 있다. 소신기전을 발사하여 적을 소탕하고, 이에 대비해 적이 방패를 들고 오자 이번에는 시간을 두고 폭발하는 중신기전을 발사해 적들을 전멸시킨다. 최종적으로는 대신기전을 발사해 명과 여진족 연합군 거의 전부를 전사케 한다. 영화의 클라이맥스와 비밀병기 신기전의 위용을 드라마틱하게 맞춘 구성으로 보인다.

영화는 전체적으로 세계 최초의 로켓 화포 신기전 발명이라는 자긍심을 고취하면서도 정작 신무기를 발명해 놓고도 명의 눈치를 봐야 하는 세종의 고민과 조정의 모습들을 통해 작은 나라의 울분도 함께 전하고 있다.

영화 말미, 세종은 신기전을 개발하고 참전한 남녀 주역에게 절을 하고, 이를 만류하는 신하를 향해 "명나라 사신에게도 4배를 하거늘, 하물며 내 나라 백성에게 절을 하는 것이 어찌 허물이 된단 말이더냐?"며 위민사상을 드러낸다. 세종은 이어 "짐은 왕이요, 그대들(백성)은 황제다"라고 하며 나라를 지킨 백성에게 큰절을 한다.

신기전은 15세기 최고 첨단과학 무기였다. 조선왕조실록엔 '신기전은 4군과 6진에서 여진족의 침략을 막기 위해 주로 사용됐다'고 전하고 있다. 그러나 대신기전은 중신기전에 비해 60배나 많은 흑색화약을 써야 했고, 당시 가장 큰 대포였던 장군화통(將軍火筒)보다도 3배나 많은 화약이 사용돼 무기로서 수명이 길지 않았던 것으로 보인다.

✕ 명량 Roaring Currents ✕

감독 | 김한민 출연 | 최민식, 류승룡, 조진웅 2014년

"신에게는 12척의 배가 남아있나이다."

충무공이 바다를 포기하고 권율이 이끄는 육군에 합세하라는 선조에게 하는 말.

충무공, 울돌목 기적을 만들다

우리가 충무공 이순신 장군을 영웅 중의 영웅, 성웅(聖雄)으로 추앙하는 이유는 이순신 장군의 애국심, 위민사상, 불굴의 임전무퇴 정신이 그 어느 역사적 인물보다 높았기 때문이다. 충무공은 임진왜란 시 단순히 목숨을 바쳐 왜병을 물리치고 나라를 구한 여느 장군이 아니다. 나라와 백성을 진정으로 사랑하는 지도자였고, 백전백승의 탁월한 전략 전술로 적을 물리친 명장이었다. 이 같은 충무공의 덕목은 오늘날 국가 지도자의 표상이며, 후손들에게 깊은 감동과 교훈을 주고 있다.

영화 〈명량〉은 충무공의 일대기를 나열하진 않는다. 제목에서 알 수 있듯이 명량해전에 집중한다. 명량(鳴梁, ROARING

CURRENTS)은 물살이 빠르고 소리가 요란해 우는 것 같다는 '울돌목'의 다른 이름이다. 이것은 영화의 모티브이기도 하다. 장군은 울음소리를 내고 흐르는 급류에서 아이디어를 얻어 전략을 구상해 냈다.

명량해전이 일어난 1597년 전후는 충무공의 인생 역정 중 가장 파란만장한 시기였다. 임진년 5월 7일 옥포(玉浦)해전부터 승승장구한 충무공은 원균 등 간신배의 모함으로 죽음에 이르다 겨우 백의종군으로 풀려나 다시 삼도수군통제사로 임명돼 12척의 배로 불가능한 싸움에서 큰 승리를 거둔 그야말로 삶의 우여곡절을 보여준 때였다. 이 같은 굴곡진 개인사는 '고난과 시련을 불굴의 의지로 극복해 가는 영웅 이야기'로 안성맞춤이다.

영화의 시작은 1597년 임진왜란 6년. 나라는 왜군에 의해 존망의 위기에 처한다. 마음이 급한 선조는 중상모략으로 백의종군하던 이순신(최민식)을 삼도수군통제사로 다시 임명한다. 하지만 장군에게 남은 건 12척의 배뿐이다. 왜군의 적장은 해적 출신 용병 구루지마(류승룡)다. 설상가상으로 병사들의 사기는 땅에 떨어질 대로 떨어진 상태. 장수와 병사 모두 백전백패의 싸움이라고 전투를 포기하자고 한다. 하지만 장군은 단 12척의 배를 이끌고 울돌목으로 향한다. 이 싸움에서 장군은 역사를 바꾼다.

영화는 충무공이 장군으로서 탁월한 전략가임을 잘 보여준다. 거북선마저 불타고 "이 싸움은 불가하다"며 두려움에 떤 나

머지 자신을 죽이려는 장수들이 나서는 악조건에서도 장군은
"그 두려움을 용기로 바꿀 수만 있다면…"을 되뇌며 장군 자신
이 직접 죽기를 각오하고 급류가 회오리치는 울돌목으로 향한
다. 바다를 포기하고 권율이 이끄는 육군에 합세하라는 선조에
게도 장군은 "신에게는 12척의 배가 남아있나이다. 죽을힘을
다하면 오히려 할 수 있는 일입니다. 신이 살아 있는 한 적들은
우릴 업신여기진 못할 것입니다"라며 불굴의 정신을 보여준다.

또한 330선의 왜선에 겁을 먹고 군영을 이탈하는 병사가 생
겼을 때 '필사즉생 필생즉사(必死則生 必生則死)', '죽고자 하면
살 것이요, 살고자 하면 죽을 것'이라며 병사의 목을 단칼에 베
어버리며 군의 기강을 잡는 장군의 모습에선 강한 카리스마를
느끼게 한다.

영화 중반, 장군은 백성의 도움을 받은 첩보전, 학익진(鶴翼
陣) 전법과 일자진(一字陣) 전법, 울돌목의 급류 등 지형지물을
이용한 전술 등으로 330척의 왜선을 무찔러 세계 해전사에 남
을 전무후무한 명승부를 펼친다.

영화는 국가 지도자로서 충무공의 리더십을 표현하고 있다.
충무공은 중상모략으로 고문을 당한 후에도 애국심과 위민사상
으로 백의종군했으며, 신하로서의 임금에 대한 섭섭함, 누명에
대한 억울함 등 사사로운 감정은 뒤로하고 오직 나라와 백성만
을 생각하며 싸움터로 나갔다. 백의종군 이후 모친사망, 아들
사망 등 잇따른 불행한 개인사 속에서도 기꺼이 자신을 희생한

것이다. 이 같은 충무공의 위민사상은 충(忠)에서 비롯된 것이다. 하지만 충은 임금에 대한 충만은 아니다. 영화전반부, 싸움을 만류하는 아들 이회와의 대화에서도 장군은 "장수는 충이 있어야 하고 그 충은 백성을 향해야 한다"며 충이 백성과 함께 있음을 분명히 한다.

영화의 압권은 역시 60분이 넘는 전투신이다. 한국 사극 사상 유례가 없는 긴 분량이다. 실제 명량해전은 약 8시간 싸운 것으로 기록돼 있다. 김한민 감독은 다이내믹한 전투 화면을 위해 전남 광양에 대규모 해전 세트장을 짓고 명량대첩의 주력선인 판옥선, 왜군의 대장선과 주력 전투선인 안택선 등을 만들었으며 천자포, 지자총통, 조총 등의 무기도 제작했다. 여기에 CG의 힘을 빌려 역동적인 전투 장면을 완성했다.

〈명량〉은 관객 1천 7백만여 명을 동원했다. 이 기록은 지금까지도 깨지지 않는 한국영화 역대 최고 흥행기록이다. 이유가 뭘까? 스펙터클한 해전장면, 감독의 무게감 있는 연출력 등이 어우러져 영화의 완성도가 높았기 때문일 것이다. 하지만 그보다 우리 국민들이 충무공의 리더십에 목말라 있었기 때문은 아닐까. 불가능한 상황에서도 끝까지 포기하지 않고, 백성과 나라를 구한 장군의 나라 사랑에 국민들이 감동한 것이다. 21세기 지금도 우리 국민들은 국가 지도자가 솔선수범해 진정으로 국민을 섬기고, 강대국 사이에서 불굴의 용기와 전략적인 사고로 나라의 안보를 튼튼하게 해주기 바라고 있다.

⚔ 남한산성 The Fortress ⚔

감독 | 황동혁 출연 | 이병헌, 김윤석, 박해일, 고수 2017년

> "무엇이 임금이옵니까! 오랑캐의 발밑을 기어서라도
> 제나라 백성이 살아서 걸어갈 길을 열어줄 수 있는 자만이,
> 비로소 신하와 백성이 마음으로 따를 수 있는 임금이옵니다!"
>
> 주화파 최명길이 인조에게 하는 말.

병자호란에 갇힌 조선의 왕

조선의 인조(1595~1649년)는 중국 명(明)과는 군신(君臣) 관계를 지속했지만 만주에서 일어난 후금(後金)은 멀리했다. 오랑캐이기 때문이다. 그러자 후금은 1627년 형제 관계를 요구하며 조선을 침략했다. 이것이 정묘호란이다. 그 후 후금은 나라 이름을 청(淸)으로 바꾸고, 군신관계를 요구했다. 하지만 조선은 거절했다. 화가 난 청 태종은 1636년 직접 대군을 이끌고 다시 침입했다. 병자호란이다.

인조는 서둘러 강화도로 피하고자 했으나 실패해 남한산성에 갇히고 만다. 남한산성에서 한동안 버텼지만 식량 등 물자가 바닥나고, 강화도가 함락되고, 각지의 근왕군(임금의 친위부대)

마저 훈련 및 조직력 부족으로 지리멸렬하면서 결국 항복했다.

당시 인조는 명과 청을 오가며 중립외교를 펼치던 광해군과는 달리, 명의 편에 섰다. 임진왜란 때 도와준 의리와, 오랑캐와 군신관계를 맺을 수 없다는 명분이었다. 비극적인 것은 군사력조차 제대로 갖추지 못했다는 것이다.

영화 〈남한산성〉은 병자호란 당시 조정이 혹한 속에서, 나아갈 곳도 물러설 곳도 없는 고립무원이 된 남한산성에서 겪는 47일간 이야기다. 성안에 갇힌 채 맞서 싸우자는 측과 우선 화친한 뒤 후일을 도모하자는 측이 둘로 나뉘어 벌이는 설전(舌戰)이 주 내용이다.

주장이 다른 최명길(이병헌), 김상헌(김윤석), 두 신하의 한 치도 물러서지 않는 논쟁과 대립은 '무엇이 진정으로 나라와 백성을 위한 선택인가'를 물으며 오늘을 사는 우리에게 약소국의 아픔과 반성, 성찰을 요구한다. 순간의 치욕을 견디고 나라와 백성을 지켜야 한다는 주장이나 청의 공격에 끝까지 맞서 싸워 대의(大義)를 지켜야 한다는 측, 둘 다 설득력이 있게 전개되면서 한껏 긴장감을 높여준다. 최명길과 김상헌은 절체절명의 위기 속에서 명분과 실리, 신념과 원칙을 논하고, 백성의 생존과 나라의 안위를 얘기한다. 두 신하 다 충신이요, 전쟁 영웅이다.

1636년 12월 한겨울, 청은 대군을 이끌고 조선을 침략한다. 인조는 급한 나머지 가까운 남한산성으로 몸을 피한다. 청군에 완전히 포위된 상황에서 화친을 통해 후일을 도모하려 하는 주화파 이조판서 최명길과 끝까지 맞서 싸워 대의를 지키고자 하는 척화파 예조판서 김상헌 간의 의견이 첨예하게 맞서는 사이, 인조(박해일)의 고민은 깊어지고, 청의 무리한 요구와 압박은 더욱 거세진다. 한편 무력한 조정과는 달리 대장장이 날쇠(고수)는 김상헌의 지시로 죽음을 무릅쓰고 성 밖의 조선군 지원 요청에 나선다.

영화 중반 이후, 인조가 화친하는 쪽으로 기울자 김상헌은 "차라리 오랑캐에 맞서 떳떳한 죽음을 맞을지언정 어찌 만백성이 보는 앞에서 치욕스러운 삶을 구걸하려 하시옵니까! 신은 차마 그런 임금을 받들 수도, 지켜볼 수도 없으니 지금 이 자리에서 신의 목을 베어주소서!"며 말한다. 최명길 역시 "무엇이 임금이옵니까! 오랑캐의 발밑을 기어서라도 제나라 백성이 살아서 걸어갈 길을 열어줄 수 있는 자만이, 비로소 신하와 백성이 마음으로 따를 수 있는 임금이옵니다! 지금 신의 목을 먼저 베시고 부디 전하께서는 이 치욕을 견뎌주소서!"라고 맞선다.

입 싸움하는 조정 대신들과는 달리, 행동하는 백성의 모습은 감동적이다. 상헌은 대장장이 날쇠에게 성 밖 조선군에게 보낼 격서를 주며 말한다. "이 격서를 전하고 오면 주상 전하께서 네게 큰 상을…"이라고 하자 날쇠는 "대감님, 제가 이 일을 하는 건 주상 전하를 위해서가 아닙니다. 전하와 사대부들이 청을 섬기든, 명을 섬기든 저와는 상관없는 일이옵니다. 저 같은 놈들이야 그저, 봄에 씨를 뿌리고 가을에 거둬, 겨울을 배곯지 않고 날 수 있는 세상을 꿈꿀 뿐입니다"며 임금의 격서를 전달하기 위해 목숨을 걸고 성 밖 적진 속으로 뛰어든다.

배우 이병헌과 김윤석의 불꽃 튀는 언쟁은 이 영화의 백미다. 치욕을 견디고 청나라와 화친하자는 최명길 역의 이병헌과 청과 끝까지 맞서 싸워 대의를 지키고자 하는 김상헌 역의 김윤석이 완벽한 호흡으로 힘 있게 쏟아내는 대사와 절제된 연기가 화면을 압도한다. 전쟁영화로서 스펙터클도 볼만하다. 전투장면의 활극은 심각한 언쟁의 드라마 완급을 조절하며 영화의 완성도를 높여준다. 인기 중견 작가 김훈의 같은 이름의 소설 원작으로 따뜻한 코미디 〈수상한 그녀〉를 연출한 황동혁 감독이 메가폰을 잡았다.

병자호란은 1592년부터 1598년까지 2차에 걸쳐 왜군과 싸운 임진왜란이 일어난 지 30년 만에 발발했다. 선조-광해군-인조 3대로 이어지는 불과 30년 사이에 두 번의 큰 전쟁을 치른 셈이다. 임진왜란은 남방세력과, 병자호란은 북방세력과의 전쟁이었다. 임진왜란은 이순신의 활약으로 기적적으로 이긴 싸움인 반면에 병자호란은 참패한 전쟁이었다. 왕이 걸어 나와 적장에게 큰절하며 용서를 비는 형세였다.

이 같은 치욕적인 패배를 당한 것엔 여러 원인이 있겠지만 '이괄의 난' 영향 때문이었다. 인조가 군 지휘관을 최소한 이괄처럼 쿠데타를 일으키지는 않을 '온순한' 인물로 인사했다는 것이다. 조선의 중요 군사적 지점에는 측근들만 기용했고, 그나마도 훈련을 제대로 하지 못하게 감시와 통제를 심하게 했다는 것이다. 코미디도 이런 코미디가 없다. 그 결과 몽골 침입 때도 굳건했던 강화도마저 함락당해 강화도에 주둔하던 세자들까지 포로로 붙잡히는 치욕을 당했다.

E.H.카는 저서 『역사란 무엇인가』에서 역사란 '과거와 현재의 대화'라고 했다. 이 말은 과거 자체가 아니라 그것을 가지고 역사 담론을 생산하는 '지금의 역사가'가 중요하다는 것이다. 역사는 고증학을 넘어 해석학이란 의미다. 이런 측면에서 영화는 지금 우리에게 과거 한때 '오랑캐가 일으킨 난(亂)'으로만 읽히지 않는다. 우리를 둘러싸고 있는 지정학은 병자호란 때나, 지금이나 같고, 미래 역시 변하지 않기 때문이다. 그 예로 사드(고고도 미사일방어체계, THAAD, Terminal High Altitude Area Defense) 배치를 놓고 국내는 물론이고 미·러·중·일 등이 벌이는 대립을 벌이는 가운데 마치 우리가 자신들의 속국인 양 무차별적으로 경제 보복을 했던 중국의 압박은 도를 넘었었다. 여전히 대륙 변방의 동이(東夷)쯤으로 생각하는 것 같다. 영화 속 최명길은 말한다. "그들이 주장하는 대의, 명분이 대체 무엇이옵니까? 그것도 삶이 있은 연후에 있는 것이 아니옵니까?" 전쟁 땐 생존이 먼저라는 얘기다. 만에 하나, 한반도에 전쟁이 나면 그때도 병자호란 때처럼 싸울지, 말지를 놓고 한가하게 설전을 벌일 수 있을까? 그럴 수 없을 것이다. 예나 지금이

나 한반도의 지정학은 보다 똑똑한 외교와 안보를 요구한다.

✕ 암살 Assassination ✕

감독 | 최동훈 출연 | 전지현, 이정재, 하정우 2015년

"해방될 줄 몰랐으니깐."

독립군 안옥윤이 "왜 동지를 팔았나"라고 묻자 변절자 염석진이 하는 말.

광복군의 게릴라전

"어제 나가사키에 무사히 도착했습니다.
형편이 뜻대로 되어가니 이 모든 것이
그대가 염려해 준 덕분인 듯합니다.
좋은 일이 있을 것 같습니다. 몸과 마음이 모두 즐겁습
니다.
그대의 얼굴을 다시 보기는 어려울 것 같습니다."

무엇인가를 결행하기에 앞서 죽기를 각오한, 흔들림 없는
담담한 심정을 엿볼 수 있는 글이다.
일제 치하인 1920년, 의열단(義烈團) 박재혁 의사가 의열단

단장 김원봉에게 쓴 편지다. 의사는 중국 상해에서 일본 나가사키를 거쳐 부산으로 잠입해 당시 악명이 높았던 부산경찰서장 하시모토를 암살했다. 붙잡혀서도 식사를 거부한 채 모진 고문 끝에 옥사했다. 이 편지는 박재혁 의사의 순국 후 뒤늦게 김 원봉에게 전달됐다.

우리에겐 의열단 박재혁 의사처럼 조국의 광복을 위해 싸우다 짧은 생을 마감한 독립군이 많았다. 만주에서, 연해주에서, 미국 등 해외에서 우리 독립군들은 일제에 맞서 싸웠다. 3.1운동 이후 대한민국 임시정부의 탄생을 시작으로 만주지역에 의열단, 한족회, 대한국민회, 대한청년단 연합회, 한국독립군, 대한독립군, 서로군정서, 북로군정서 등 50개 가까운 독립군 단체가 출현, 나라를 되찾기 위한 독립전쟁에 들어갔다. 이즈음 1920년 김좌진 장군의 청산리전투, 홍범도 장군의 봉오동전투 등에서 일본군에 크게 승리했다.

중·일 전쟁 후, 이들 독립 전쟁단체들은 1940년 대한민국 임시정부의 광복군을 조직했다. 총사령관에 지청천, 참모장에 이범석을 선출했다. 당시 중국 충칭에 있던 광복군은 적지 않은 어려움을 극복하고 1942년 김원봉의 조선의용대 300여 명이 합류하면서 실질적인 전투조직을 갖췄다. 김원봉은 일찍이 3.1 운동 직후인 1919년 11월 만주 지린성에서 의열단을 결성, 무력투쟁에 적극 나섰다. 의열단은 '정의로운 일을 맹렬히 하자'며 일제 요인 암살과 테러가 주 임무였으며 일제를 상대로 게릴라

간도참변, 1920년

전을 전개했다. 이 단체는 테러리즘과 아나키즘(무정부주의)적 성격이 강했다. 동양척식회사에 폭탄을 던지는 등 일제에서 가장 무서운 단체로 이름나 있었다.

영화 〈암살〉은 1930년대 초 일제 치하 시절, 독립군의 활약상을 그리고 있다. 간도 참변(間島慘變) 이후 3명의 독립군과 상해에서 활동하는 청부살인업자가 일제 조선 주둔군 사령관과 친일파를 제거한다는 것이 기둥 줄거리다. 간도 참변은 1920년 6월 봉오동과 청산리 전투에서 크게 패배한 일본군이 독립군을 토벌한다는 명목으로 3,500여 명의 무고한 한국인을 학살한 사건이다. 영화는 대중적인 범죄영화 형식을 빌려 독립군의 활약상과 밀정(密偵) 등 독립전쟁의 이면사를 보여준다.

1930년대 초, 대한민국 임시정부는 일본에 노출되지 않은 독립군 저격수 안옥윤(전지현), 신흥무관학교 출신 속사포, 폭탄 전문가 황덕삼 등 3명에게 조선주둔군 사령관 카와구치 마모루와 친일파 강인국을 암살하라는 지시를 내린다. 하지만 암살은 임시정부 경무국 대장출신의 염석진(이정재)의 배신으로 실패한다. 이후 거액의 의뢰를 받은 청부살인업자 하와이 피스톨(하정우)이 암살단에 가세하고 안옥윤의 쌍둥이 언니가 등장하면서 우여곡절을 겪지만 끝내 안옥윤은 임무를 실행한다.

영화는 '1930년대 독립군이라는 가볍지 않은 이야기를 무겁지 않게 풀었다'는 평가를 받았다. 독립군이 주는 무거움, 심각함을 벗고 젊은 관객들의 정서에 맞게 쉽고 경쾌하게 접근한 것이다. 역사물이 주는 교훈적인 메시지를 강조하기보단 대중성 있는 액션물을 통해 애국심을 과하지 않게 표현했다. 1930년대 중국 상해를 그대로 옮겨 놓은 듯한 세트, 대규모 시가전과 화려한 액션이 영화의 볼거리를 제공한다.

영화엔 임시정부의 김구, 김원봉을 빼고는 대부분 허구 인물이다. 하지만 독립군 안옥윤, 변절자 염석진 등 주요 인물들은 여러 독립단체에서 활약한 실제 열사나 밀정에서 모티브를 가져왔다. 영화가 그간 월북 인사라고 해 언급조차 피했던 김원봉을 대중영화에 등장시켜 좌우 이념을 떠나 독립투사로서 재조명한 것과 밀정을 비중 있게 다룬 점은 의미 있는 일이다.

영화는 독립군의 의지와 활약상도 잘 표현하고 있지만 밀정도 깊이 있게 그려내고 있다. 주인공 안옥윤은 간도 참변 때 어머니(실제로는 유모)를 잃고 독립군 특등 저격수가 된다. 그 후 제거 대상인 친일파 부친과 쌍둥이 언니 때문에 고통을 겪지만 끝까지 추적해 임무를 완수한다. 청부살인업자 하와이 피스톨은 친일파 부친을 살해하는 살부계의 멤버로서 아나키스트이지만 종국엔 안옥윤을 돕다가 염석진에 의해 사살된다. 반면 염석진은 임시정부 경무국 대장출신이지만 밀정이 돼 일제 앞잡이가 되지만 해방 후에도 친일파를 처벌하는 반민특위에서 살아남는다. 하지만 결국 안옥윤의 손에 암살당한다. 변절자 염석진은 안옥윤 일단(一團)을 밀고하면서 심한 심적 갈등을 겪는데, "30개의 독립단체가 파벌싸움만 해. 민나 도로보데스(모두가 도둑놈이다)"라며 자신을 합리화한다.

영화는 독립군조차도 '꾼'으로 해석했다는 비평도 받았다. 최 감독은 그간 〈범죄의 재구성〉 〈타짜〉 〈도둑들〉 등 사기꾼, 노름꾼, 도둑을 소재로 한 범죄영화를 주로 연출했는데 그 같은 맥락에서 독립군을 격하해 그렸다는 지적이다. 영화는 1,200만 명의 관객을 동원해 흥행에 성공했다.

영화의 시대적 배경인 1933년은 중일 전쟁(1937~1945년)을 앞두고 한반도가 일본 군국주의 병참기지화 돼 가고 있던 시기다. 더구나 1910년 한일 합방되고 23년이란 긴 세월이 흐른 시절이다. 일제는 우리 민족을 말살하려는 의도를 더욱 노골화했고, 독립운동을 한 적지 않은 우국지사들도 여러 사정으로 변절을 하던, 할 수밖에 없던 시절이었다. 나라를 팔아먹은 이완용도 처음엔 일제가 제거하려 했던 첫 번째 대상이란 사실이 이를 증명하고 있다. 영화 끝부분, 변절자 염석진은 독립군 안옥윤의 "왜 동지를 팔았나?"는 물음에 "해방될 줄 몰랐으니깐"이라고 답한다. 기약도 없는 긴 세월에 초심도, 의지도, 생활도 유지하기 힘들었을 것이다. 분노하면서도 일말의 동정심이 아주 없지도 않은 대목이다. 이 모든 업보(業報)가 나라를 잃었기 때문이다. 두 번 다시 나라를 빼앗기는 일은 없어야 한다. 그렇기 위해선 국방이 답이다.

영화와 비슷한 시기 대한민국 임시정부는 1932년 일본 천황에게 폭탄을 투척(이봉창 의사)하거나, 상해 홍구 공원에서 도시락 폭탄을 던지는(윤봉길 의사) 등 독립전쟁을 계속해 갔다. 그 후 1941년 태평양 전쟁이 발발하자 대일 선전 포고를 했고 1943년 영국군과 연합 작전을 펴기도 했다. 하지만 1945년 한반도 침투를 위한 한미 공동작전을 훈련하던 중 작전을 펴지 못한 채 해방을 맞았다.

✕ 태극기 휘날리며 ✕
TaeGukGi: Brotherhood Of War

감독 | 강제규 출연 | 장동건, 원빈 2003년

"나도 우리 형제한테 행운이 따라 둘 다 살아 돌아가길 바라.
근데, 꼭 하나만 살아야 한다면
그게 네가 되길 바라고 노력하는 것뿐이야."

영화 〈태극기 휘날리며〉에서 형 진태가 동생 진석에게 하는 말.

태극기 휘날리기엔 너무나도 아픈 골육상잔

한국전쟁은 이산가족을 양산했다. 1천만여 명에 이른다. 휴전 65년이 지났지만 그 아픔은 여전하다. 지난 1983년 KBS '이산가족 찾기' 생방송에서 헤어진 가족이 만날 땐 온 국민이 같이 눈물을 흘렸다. '빛나는 눈 고운 마음씨에 이 세상 끝까지 가겠노라고 강가에서 맹세하던' 여인을 찾는다는 '누가 이 사람을 모르시나요?'라는 노래는 당시 많은 사람들의 심금을 울렸다. 가족을 만나겠다는 것은 인간의 가장 순수한 마음이며 본능이다. 어린 시절 놀던 고향에 가고 싶고, 피를 나눈 혈육들을 그리워하는 것은 인지상정이다.

'혈육의 정'이라 불리는 가족의 힘은 상상을 초월한다. 그 힘은 모든 가치와 판단에 우선한다. 특히 우리처럼 정이 많은 민족은 더욱 그러하다. 부모는 자식을 위해, 아들딸은 부모님을 위해, 형은 아우를, 동생은 형을 위해 참고 견디고 희생하는 것은 천륜이다. 그래서 한 지붕 아래서 같이 밥을 먹는 식구가 모인 가족은 삶의 원동력이고, 공동 운명체다.

영화 〈태극기 휘날리며〉는 6.25 전쟁에 휘말린 두 형제의 가족애와 갈등을 그린 작품이다. 영화는 스펙터클한 전쟁영화이지만 철저하게 형제에 포커스를 맞췄다. 영어 제목도 'Brotherhood Of War(전쟁 속 형제애)'다.

서울 종로에 사는 진태(장동건)는 구두닦이다. 그에겐 자신의 꿈이자 가족의 미래인 '공부 잘하는' 동생 진석(원빈)이 있다. 그 둘은 어려운 환경에서도 밝고 활기차다. 6·25전쟁이 발발한다. 두 형제는 홀어머니, 약혼녀와 피난 행렬을 따라 대구까지 내려간다. 그러나 진석은 징집돼 군용열차에 오르고 진태는 동생을 구하기 위해 군용열차에 올랐다. 그러나 우발적인 폭력사건이 일어나면서 진태 역시 징집된다. 두 형제는 낙동강 방어선 전투를 시작으로 평양 시가전-압록강 퇴각 전투에 참전하게 된다. 형은 동생의 제대를 위해선 무슨 일이라도 한다. 형은 차츰 전쟁광이 되어가고 동생은 그런 형과 대립한다. 급기야 형이 인민군이 되었다는 사실을 안 동생은 형을 구하기 위해 전선으로 달려가지만 형은 끝내 죽음을 맞는다.

영화는 전쟁이 어떻게 한 개인의 육체와 영혼을 망가뜨리는 가를 보여주는데, 영화 전편에 흐르는 죽음을 불사하는 형제애가 감동적이다. 형이 싸우는 이유는 하나다. 동생을 집으로 돌려보내기 위해서다. 태극무공훈장을 받으면 동생을 제대시켜 준다는 상관의 말을 듣고 목숨을 걸고 싸운다. 형은 동생에게 말한다. "넌 우리 가족의 전부야. 내 꿈이고 어머니 희망이야. 너 공부시키려고 학교 관두고 구두통 메고 다녀도 한번 후회한 적 없어. 어머니 시장통에서 허리 한번 제대로 못 펴고 국수 팔아도 너 때문에 힘든 줄 모르고 살아." 하지만 동생은 그런 형이 미워 반발한다. "내 핑계 대지마! 내가 그렇게 하랬어?" 다시 형은 말한다. "나도 우리 형제한테 행운이 따라 둘 다 살아 돌아가길 바라. 근데, 꼭 하나만 살아야 한다면 그게 네가 되길 바라고 노력하는 것뿐이야."

영화는 이처럼 애정과 미움이 교차하는 뜨거운 형제애를 통해 관객들에게 안타까움과 슬픔을 전해 준다. 강제규 감독은 '전투가 아닌 전쟁'을 보여주려 했다며 "전쟁 영웅을 그렸던 전쟁영화 대신 전장에 내던져진 당시 보통 사람들의 절박함을 묘사하고 싶었다"고 말했다. 그래서 영화는 미션이나 작전은 없다. 전쟁 시작 전부터 전쟁 후 이산의 아픔까지 당시 보통 사람이 겪는 고통과 수난사이다. 6.25 한국전쟁통사(韓國戰爭通史)이다.

〈태극기 휘날리며〉의 전투장면은 좀 다르다. 살기 위한 처절한 백병전이 대부분이다. '용맹스럽다' 혹은 '멋있다'라는 생각은 들지 않는다. 총으로 쏴대고 칼로 찔러대고 주먹을 휘둘러댄다. 총을 쏘기 위해 무심코 누른 방아쇠에 옆에 있던 병사가 죽어 나가고 적을 보고 찌른 대검이 관통해 뒤에 있던 아군까지 당한다. 주변에 있는 건 흙이건 돌이건 막대기건 전부 무기가 되는 살육전이다. 감독이 영화를 기획한 계기는 한국전쟁 유해 발굴에 관한 다큐멘터리를 보고서였다. 감독은 "50년 동안 남편의 소식을 기다리던 늙은 아내가 뼛조각으로 남은 남편과 마주하는 장면에서 감동하고 마음을 굳혔다"고 한다.

한국전쟁이 끝난 지 65년이 넘었지만 전쟁의 상흔은 끝나지 않았다. 아직 유해조차 찾지 못한 우리 국군의 수가 13만여 명이 넘는다. 자식과 남편, 형제를 전쟁터에 떠나보낸 채 유골로나마 집에 돌아오기를 간절히 기다리는 가족의 아픔은 여전히 현재 진행형이다.

✕ 인천상륙작전 ✕

Operation Chromite

감독 | 이재한 출연 | 이정재, 이범수, 리암 니슨 2016년

"인천에서 기다리겠습니다."

맥아더장군에게 켈로 부대 장학수가 하는 말.

맥아더 장군의 신의 한 수, 전세를 뒤엎다

켈로 부대가 있었다. '켈로(KLO)'는 주한 첩보연락처 (Korea Liaison Office)의 준말이다. 1948년 대한민국 정부가 수립된 다음 해인 1949년 미국 극동군사령부가 조직한 북파 공작 첩보부대이다. 주로 북한지역 출신으로 구성된 특수부대로, 6·25전쟁 당시 북한군이나 중공군으로 위장해 대북첩보를 수집하고 후방을 교란하는 게릴라 작전을 벌였다.

켈로 부대는 특히 1950년 9월 15일 감행된 인천상륙작전에서 큰 공을 세웠다. 상륙작전을 앞두고 어민으로 위장, 북한군이 인천 앞바다에 설치한 기뢰를 찾아내고, 항로의 수심을 측정하는 임무를 수행했다. 또한 작전개시 전날인 14일 밤, 북한군

이 점령하고 있던 팔미도 등대를 탈환하고 불을 밝혀 상륙작전을 성공으로 이끄는 큰 전공을 세웠다.

맥아더 장군이 지휘한 인천상륙작전은 북한군의 병참선과 배후공격을 가능케 해 북한 남침 이후 수세에 몰린 진세를 역전시켰다. 노르망디 상륙작전과 함께 역사상 가장 성공적인 상륙작전으로 기록되고 있다.

영화 〈인천상륙작전〉은 켈로 부대의 활약상을 그리고 있다. 낙동강 이남까지 내몰린 국군과 UN 연합군이 전세를 역전시키기 위해 인천 상륙을 시도하면서 벌이는 첩보작전 '엑스레이(X-RAY)'가 기둥 줄거리다.

영화는 인천상륙작전 직전 해군 대위 장학수(이정재)를 비롯한 8명의 첩보부대원들이 북한군으로 위장해 인천에 잠입하면서 시작하는데, 이들이 인천지역 켈로 부대원들과 함께 북한 군사정보를 입수하는 과정에서 벌어지는 속고 속이는 첩보 활동을 다루고 있다. 이재한 감독은 "인천상륙작전의 성공에는 맥아더 장군 개인뿐만 아니라 이름 모를 국군과 민간인의 숨은 활약이 있었다"고 말했다.

영화는 전쟁보다는 첩보에 방점을 두고 있다. 장학수와 켈로 부대원들이 신분을 위장해 적군의 심장부에 들어간 뒤 벌이는 첩보 활동은 스릴이 있다. 특히 북한군 인천 방어사령관 림계진(이범수)의 밀고 당기는 탐색전과 인천 내의 켈로 부대의 활약상이 긴장감을 더하면서 영화에 활력을 넣고 있다. 맥아더 장군 역으로 나오는 리암 니슨의 출연도 영화의 사실성에 일조하고 있다.

영화는 액션 블록버스터를 표방하고 있다. 여느 할리우드 액션 블록버스터처럼 긴박감 있는 빠른 전개와 스펙터클한 볼거리로 승부하겠다는 의도다. 이럴 경우 대개는 인물보다 사건에 치중하기 마련인데 '인천상륙작전' 역시 스피디한 전개와 북한군과 켈로 부대 간의 쫓고 쫓기는 카 체이스, 총격 장면, 화면 전체를 덮는 폭발장면 등으로 시각적인 즐거움을 주고 있다.

영화는 6.25 전쟁을 영화 소재로 선택함에 있어 특정 이념과 사상에 기울지 않고, 자유 민주주의 입장에서 객관적으로 다루고 있다. 일부에서 시대에 뒤처진 반공 영화라는 비평도 있었지만 일부 영화들처럼 우리 국군의 호국정신과 희생은 간과한 채 북한군에 대한 근거 없는 막연한 환상을 심어주진 않는다. 켈로 부대 또한 영화 소재로 손색이 없다. 이름 없이 암약하며 목표를 향해 난관을 헤쳐 가는 주인공. 이 얼마나 매력적이고 휴머니티가 묻어나는 캐릭터인가. 할리우드 첩보영화를 능가하는 아이템이다. 그간 인천상륙작전의 숨은 이야기를 포함해 우리가 알지 못했던 한국전쟁의 비화를 켈로 부대가 일정 부분 알려줄 수도 있을 것이다.

한국전쟁 중 6,000여 명의 켈로 부대원들이 전사한 것으로 알려졌다. 하지만 이 숫자는 별 의미가 없을 것 같다. 정식 군

번을 부여받은 정규군이 아닌 무명용사이기 때문이다. 이보다 훨씬 많은 부대원이 전사했을 것으로 추측된다. 이름도, 명예도 없이 조국을 위해 생명을 던진 것이다.

╳ 고지전 The Front Line ╳

감독 | 장훈 주연 | 고수, 신하균 2011년

"우린 빨갱이랑 싸우는 것이 아니라 전쟁이랑 싸우고 있다"

김수혁 중위가 친구 강은표 중위에게 하는 말.

너무 오래 싸워 왜 싸우는지도 잊어버렸다

1950년 6월 25일 새벽, 북한군의 남침으로 시작된 한국전쟁은 장장 3년 1개월을 끌었다. 그중 1951년 7월 이후 2년 2개월간은 교착상태였고, 판문점에서는 휴전협상이 진행됐다. 한국, 유엔군과 북한, 중공군 양측은 정전협정이 체결되는 시점의 전선을 군사분계선으로 삼기로 합의했다. 이에 따라 양측은 영토를 조금이라도 더 확보하기 위해 치열한 전투를 치를 수밖에 없었다. 남북한은 일진일퇴의 공방전을 거듭했고 하루에도 몇 차례씩 고지의 주인이 바뀌는 상황이 거듭됐다. 고지전(高地戰)이 시작된 것이다.

대표적인 고지전이 있던 곳이 백마고지다. 강원도 철원군

철원읍 북서쪽으로 약 12㎞ 지점에 있는 해발 395m의 '395고 지'다. 이 고지를 차지하려는 우리 국군과 중공군의 포격으로 산등성이가 허옇게 벗겨져서 마치 백마(白馬)가 쓰러져 누운 듯 한 모습으로 변해 '백마고지'라고 부르게 됐다. 1952년 10월 6 일에서 10월 15일까지 열흘간 24차례나 주인이 바뀔 정도로 혈전을 치른 끝에 국군 제9사단이 중공군을 격퇴하고 승리했 다.

영화 〈고지전〉은 한국전쟁을 배경으로 1953년 휴전협정이 막바지에 이를 무렵 '애록고지'를 차지하기 위한 우리 국군과 북 한 간의 고지(쟁탈)전을 다루고 있다. 1951년 6월 전선이 교착 한 이후 서로 싸우는 이유조차 잊은 채 전쟁이 끝나기만을 바라 며 싸우는 이야기다. 영화는 제목 '고지전'에서 알 수 있듯이 고 지전에 집중한다. 고지를 탈환하기 위한 치열한 공방전에 방점 을 두고 있다.

한국전쟁의 막바지 1953년 2월. 휴전협상이 난항을 거듭 하는 가운데 동부전선 최전방 애록고지에서 중대장이 전사하 는 사건이 발생한다. 중대장 시신에 꽂힌 것은 뜻밖에도 아군의 총알. 상부는 방첩대 중위 강은표(신하균)를 동부전선에 급파 한다. 강 중위는 그곳에서 죽은 줄 알았던 친구 김수혁(고수)을 만난다. 유약한 학생이었던 수혁은 2년 사이에 이등병에서 중 위로 특진해 악어 중대의 실질적 리더가 돼 있었고, 악어 임시 중대장 신일영 대위(이제훈)는 갓 스무 살이다. 강 중위는 직감적으로 수상함을 느낀다. 이 무렵 인민군의 기습공격으로 애록고지를 북한군에 빼앗긴다. 모든 것이 혼란스러운 가운데 강 중위도 고지 탈환 작전에 투입된다. 그러나 신임 중대장의 무리한 작전으로 전선이 불리하게 되자 임시 중대장 신 대위와 김수혁 중위 단독으로 병력을 후퇴시킨다. 이 과정에서 강 중위는 과거 포항 철수 작전 시 악어 중대를 둘러싼 전투의 실체를 알게 된다. 마침내 휴전협정 조인으로 전쟁은 끝나는 듯하지만 협정이 발효되기 전 12시간이 남은 기간에 고지를 점령하라는 상부 명령이 떨어진다. 악어 중대는 다시 마지막 전투에 나선다.

영화는 지금 우리가 사는 이 땅이 호국영령들의 피눈물로 다져진 것이라고 말하는 듯하다. 어두운 밤을 틈타 인해전술로 밀고 오는 중공군과의 악전고투, 마지막 전투에서 고지를 향해 달려가는 악어 중대원들의 모습은 처절하고 숭고하기까지 하다. 하지만 영화는 민족주의와 남북분단에서 연유된 이데올로기와는 거리를 두고 있다. 한국전쟁을 동족상잔의 비극적인 이념 전쟁이 아니라 전쟁 실체와 본질에 복무하려는 의도로 읽힌다. "우린 빨갱이랑 싸우는 것이 아니라 전쟁이랑 싸우고 있다"는 김수혁 중위의 말도 같은 맥락이다. 장훈감독은 "'고지전' 그 자체를 잘 보여주고 싶었다. 이 영화는 전쟁영화가 아니라 전장(戰場) 영화다. 실제 전쟁터에 들어선 것 같은 생생함, 그저 볼거리로 소비되는 것만이 아닌 그때 그곳의 상황이 관객들에게 다른 공감을 안겨주는 영화이길 바란다"고 말했다.

영화의 클라이맥스, 마지막 전투를 앞두고 초긴장 상태에서 남북한 병사들이 약속이라도 한 듯 함께 부르는 '전선야곡'의 노래가 긴 여운을 남긴다. "가랑잎이 휘날리는 전선의 달밤 (…) 장부의 길 일러주신 어머님의 목소리…." 전쟁에 지친 한 병사의 입에 나온 노래가 남북한 병사 모두가 부른 떼창으로 이어지면서 전쟁의 아픔과 고통, 가족에 대한 그리움이 뒤범벅돼 산야 전체에 울려 퍼지며 관객을 숙연케 한다. 영화 끝부분, 강 중위는 마지막 전투에서 다시 만난 북한군 장교(류승룡)에게 재차 싸우는 이유를 묻는다. 그러자 그는 "확실히 알고 있었는데 너무 오래돼서 잊어버렸어"라며 전쟁의 무의미함과 맹목적성을 고발한다. 생명이 다해 폐기 처리된 냉전의 이데올로기, 그것도 이념의 대리전을 왜 우리 동족끼리 죽기 살기로 싸웠는지, 다시 한번 생각하게 하는 대목이다. 영화는 3백만 명의 관객을 동원하며 흥행에서도 성공했다.

✕ 연평해전 Northern Limit Line ✕

감독 | 김학순 출연 | 이현우, 김무열, 진구 2015년

"난 배를 살릴 테니 넌 사람을 살려!"

한상국 중사가 북한군과의 교전 중에, 의무병 박동혁 상병에게 외치는 말.

휴전 후 최대 해상 전쟁이 벌어지다

2002년 6월 30일, 국군수도통합병원에 온몸에 인공호흡기와 수많은 약병 의료기기를 꽂은 젊은 병사가 들것에 실려 급하게 도착한다. 그 병사는 바로 전날 북한 고속정과 사투를 벌인 참수리 357정의 의무병 박동혁 병장(당시 상병). 그는 이미 과다 출혈로 쇼크 상태였고, 온몸에 100여 개의 총탄과 파편이 박혀 있었다. 박병장을 본 한 군의관이 다급하게 "이 병사. 왜 이렇게 다쳤어요?"라고 물었고, 옆 침상에 누워 있던 한 장교가 "우리 배의 의무병인데 부상자들 구한다고 뛰어다니다가 그랬습니다"라고 답했다.

박 병장을 살리려 군의관이 총동원됐다. 군의관들은 부상당

한 전우들을 위해 뛰어다니다 정작 자신이 가장 많이 총알에 맞았다는 말에 가슴이 울컥했다. 정형외과, 외과, 순환기내과, 신장내과, 비뇨기과, 이비인후과 등 군의관 모두가 '반드시 살리겠다'고 다짐했다. 하지만 박 병장은 결국 84일 만에 숨을 거뒀다.

2002년 온 국민들이 한일월드컵 한국과 터키의 3, 4위전에 열광할 그 시간, 서해 한쪽의 우리 젊은 용사들은 죽을힘을 다해 북한 침공을 온몸으로 막아내고 있었다. 제2연평해전이다. 그 한 가운데에 한 명의 전우라도 더 구하기 위해 고군분투하다 끝내 산화한 의무병 박동혁 병장이 있었다.

영화 〈연평해전〉은 2002년 6월 29일, 서해 북방한계선(NLL)을 침범한 북한군을 우리 해군이 죽음을 불사하고 싸워 북한군을 격퇴하는 과정을 생생하게 표현했다. 전투의 사실성을 높이기 위해 실시간 중계하듯 시간대별로 전투 상황을 보여주며, 특히 월드컵 3, 4위전과의 교차편집과 영화 마지막 부분을 실제 영결식으로 마무리해 감동을 더해줬다.

영화는 우리 해군 장병들의 영웅적이지만 가슴 아픈 무용담이다. 실제 북한의 기습 포격으로 시작된 이 해전에서 참수리 357호 고속정은 침몰당했으며, 정장 윤영하 소령을 비롯해 한상국 중사, 조천형 중사, 황도현 중사, 서후원 중사, 박동혁 병장까지 6명의 해군이 전사하고 19명의 부상자가 발생했다.

영화는 의무병인 박동혁 상병(이현우)이 참수리 357호로 전입해 오면서 시작한다. 영화 전반부는 참수리 357호 대원 간 가족 같은 전우애와 개인사를 보여준다. 홀어머니를 둔 어려운 환경에서도 웃음을 잃지 않는 박동혁 상병을 비롯해 같은 해군 장교 출신의 부친을 둔 윤영하 대위, 지상 근무를 원하는 아내의 불만 속에서도 대원들에겐 형님 같은 한상국 하사 등의 인정 넘치는 일상 이야기가 펼쳐진다.

영화의 클라이맥스는 참수리 357호 대원의 전투장면. 운명의 29일 NLL을 침범해 무차별적으로 공격한 북한군에 맞서 싸운 우리 해군 병사들의 악전고투 활약상을 다큐멘터리처럼 시간대별로 보여준다. 빗발치는 적의 총탄 속에서도 윤 대위 등 부상자들을 살리기 위해 이리 뛰고 저리 뛰는 주인공 박 상병의 모습이 눈물겹고 감동을 자아낸다. 후반부는 북한군을 퇴각시키고 병원에 후송됐지만 끝내 숨을 거둔 박 상병, 윤 대위 등의 비보를 전해 들은 전사자 가족들의 슬픔과 실제 영결식 영상이 대미를 장식한다.

영화 〈연평해전〉은 영화적으로 중요한 의미가 있다. 출연진이 교체되고 촬영이 중단되는 등 제작단계부터 순탄치 않았던 영화는 이런저런 부정적인 말들이 많았다. 하지만 영화는 완성돼 관객동원(6백만 명)에 성공한 콘텐츠로 거듭났다. 일부에서 국가정책 홍보용 영화쯤이라고 여겼을 영화가 일반 관객을 대상으로 해 상업적으로 크게 성공했다는 점은 시사하는 바가 크다.

영화는 월드컵 열기와 당시 정치적 이유로 나라를 지키다 희생된 우리 젊은 영웅들을 제대로 기억하고, 추모하지 못했던 우리들을 반성하게 한다. 당시 우리는 우리의 바다를 지키러 나갔다가 목숨을 잃은 젊은이들과 가족의 아픔에 대해서 잘 몰랐다. 나라 전체가 월드컵에 열광했으면서도 정작 그 월드컵을 볼 수 있게 해준 젊은이들의 죽음을 외면했다. 혹시 월드컵 열기에 찬물을 끼얹을까 봐 모른 척하지는 않았는지 반성해야 할 대목이다.

영화는 〈연평해전〉의 명칭과 죽은 병사들의 대우에 많은 변화를 가져 왔다. 정치적 이유 등으로 제대로 대우받지 못한 채 '공무상 사망'으로 취급했던 연평해전의 병사들이 '전사자'로 제대로 보상을 받게 됐고, 이름도 '교전'으로 명명되다 '해전'으로 명칭이 바뀌었다. 제2연평해전을 포함, 천안함 피격, 연평도 포격 등이 주로 서해에서 발생하면서 호국영웅들의 희생정신을 기리기 위해 매년 3월 넷째 금요일을 '서해수호의 날'로 정했다.

참고문헌

국방부 군사편찬연구소, 『독립군과 광복군 그리고 국군』, 국군인쇄창, 2018

김병재 외, 『영화의 장르 장르의 영화』, 르몽드코리아, 2018

-, 「한국대중영화에 관한 정치경제학 연구-김대중 정부 기간 시나리오 변형 양상을 중심으로」, 동국대, 2003

-, 『영화평론』 제28호, (사)한국영화평론가협회, 2016

-, 『영화평론』 제29호, (사)한국영화평론가협회, 2017

다카하시 요이치, 김정환 역, 『전쟁의 역사를 통해 배우는 지정학』, 시그마북스, 2018

더글라스 켈너, 김수정 외 역, 『미디어 문화』, 새물결, 1997

리처드 할러웨이, 이용주 역, 『세계 종교의 역사』, 소소의 책, 2018

로빈 우드, 이순진 역, 『베트남에서 레이건까지』, 시각과 언어, 1994

루이스 쟈네티, 김진해 역, 『영화의 이해』, 현암사, 1987

박상섭, 『근대국가의 전쟁』, 나남, 1996

발터 벤야민, 반성완 역, 『발터 벤야민의 문예이론』, 민음사, 1983

볼프 슈나이더, 박종대 역, 『군인』, 열린책들, 2014

버나드 로 몽고메리, 승영조 역, 『전쟁의 역사』, 책세상, 2004

빌 브라이슨, 이덕환역, 『거의 모든 것의 역사』, 까치글방, 2003

손호철, 『신자유주의 시대의 한국정치』, 푸른숲, 1999

수잔 헤이워드, 이영기 역, 『영화사전』, 한나래, 1997

시오노 나나미, 김석희 역, 『로마인 이야기』, 한길사, 2007

아놀드 하우저, 최성만 외 역, 『예술의 사회학』, 한길사, 1983

아리스토텔레스, 천병희 역, 『시학』, 문예출판사, 1976

에드가 모랭, 이상률 역, 『스타』, 문예출판사, 1992

E.H.카, 진원숙 역, 『역사란 무엇인가』, 계명대학교출판부, 1998

유용원의 군사세계, http://bemil.chosun.com

이광희, 『전쟁으로 보는 한국사』, 스마트 주니어, 2014

이언 모리스, 김필규 역, 『전쟁의 역설』, 지식의 날개, 2015

조지 차일즈 콘, 조행복 역, 『세계 전쟁사 사전』, 산처럼, 2014

조지무쇼, 안정미 역, 『한눈에 꿰뚫는 전쟁사 도감』, 이다미디어, 2017

재레드 다이아몬드, 김진준 역, 『총 균 쇠』, 문학사상사, 1998

제프리 노웰 스미스, 이순호 역, 『옥스퍼드 세계 영화사』, 열린책들, 2006

존 스토리, 박모 역, 『문화연구와 문화이론』, 현실문화연구, 1994

칼 세이건, 홍승수 역, 『코스모스』, 사이언스북스, 2006

클라우제비츠, 유재승 역, 『전쟁론』, 책세상, 1996

영화로 읽는 세계 전쟁사

초판 1쇄 발행 2018년 12월 24일
개정판 1쇄 발행 2024년 11월 1일
지은이 김병재
편집 서화열
디자인 조한아 박희원
펴낸이 성일권
펴낸곳 (주)르몽드코리아

인쇄 · 제작 디프넷

주소 서울특별시 마포구 양화대로 1길 83 석우 1층
출판등록 2009. 09. 제2014-000119
홈페이지 www.ilemonde.com
SNS Facebook: ilemondekorea Instagram: @lediplo.kr
전자우편 info@ilemonde.com

ISBN 979-11-92618-70-8

이 도서의 국립중앙도서관 출판예정도서목록(CIP)은 서지정보유통지원시스템 홈페이지 (http://seoji.
nl.go.kr)와 국가자료공동목록시스템 (http://www.nl.go.kr/kolisnet) 에서 이용하실 수 있습니다.